公共哲学与政治思想系列

应奇　刘训练◎主编

Toward a Genealogy of Individualism

个人主义的谱系

[捷克]丹尼尔·沙拉汉 ◎ 著

储智勇 ◎ 译

吉林出版集团有限责任公司

出 品 人：周殿富
总 策 划：崔文辉
策划编辑：刘训练
责任编辑：顾学云
装帧设计：陈　璞

图书在版编目(CIP)数据

个人主义的谱系／（捷）沙拉汉著；储智勇译.—长春：吉林出版集团有限责任公司，2009.6
（公共哲学与政治思想系列）
ISBN 978-7-80762-897-2

Ⅰ. 个… Ⅱ. ①沙…②储… Ⅲ. 个人主义－研究 Ⅳ. B089

中国版本图书馆CIP数据核字(2009)第071223号

书　　名：个人主义的谱系
编　　者：应　奇
出　　版：吉林出版集团有限责任公司
地　　址：长春市人民大街4646号(130021)
印　　刷：北京同文印刷有限责任公司
开　　本：650mm×960mm　1/16
印　　张：14.25
版　　次：2009年6月第1版
印　　次：2009年6月第1次印刷
发　　行：吉林出版集团有限责任公司北京分公司
地　　址：北京市宣武区椿树园15-18栋底商A222号(100052)
电　　话：010-63106240(发行部)
书　　号：ISBN 978-7-80762-897-2
定　　价：26.00元

Daniel Shanahan

Toward a Genealogy of Individualism

The University of Massachusetts Press

1992

根据马萨诸塞大学出版社 1992 年版译出

献　给

比尔·克雷格(Bill Craig)
个人主义者,社群主义者和教育家

从"西化"到"化西"

——写在"公共哲学与政治思想系列"之前

应　奇

城邦之外，非神即兽。

——亚里士多德

周虽旧邦，其命维新。

——《诗经·大雅》

按照汉娜·阿伦特在《人类状况》中的叙事，自由主义现代性是通过颠倒古代世界的公私区分而崛起于近代世界的。在古典希腊时代，存在着与城邦和家庭的区分相对应的公和私之间的尖锐区分。在城邦的公共生活中，当人们在他们的同侪之前展现自己，并试图达致荣耀时，他们就是在从事最高形式的人类活动。但是，参与公共政治生活的一个前提是公民已经成为所谓生活必然性的主人，而对后者的支配则属于一个前政治的领域，亦即家庭的领域或私的领域。随着现代社会领域的出现，紧接着积极生活对于沉思生活的优先性的倒转的是行动、工作和劳动之间的古典等级被颠覆，并先被工作的心智，最终被劳动的心智所扭曲。于是希腊人视为人类活动的最低形式在现时代喧宾夺主，而真正的公共空间和公共自由的领域反而湮没不彰了。

无论阿伦特对古典希腊城邦的描述存在着怎样理想化和浪漫化的成分，但她这种通过行动、工作和劳动，公与私，以及政治与社会的区分对于现代社会病理的诊断及其解救之道的寻求确实产生了广泛深远的影响，并具有虽未必是一脉相承但却是有踪可寻的效果历史。

首先，从政治理论的角度，哈贝马斯曾坦承阿伦特是对他的思想产生重要影响的两位思想家之一。在对公共领域及其规范基础即交往行动理论的探索上，哈贝马斯都受到了阿伦特的公共空间理论及其对行动、工作和劳动的区分的影响。但是，与阿伦特悲叹公共空间在现代性条件下的衰落不同，哈贝马斯注意到了一种新的公共性形式在启蒙时代的出现和形成。与阿伦特把她的公共空间理论与她对表象这个空间中的行动的理解紧密联系在一起，从而模糊了公共空间概念在民主的合法性理论中的关键性地位不同，哈贝马斯通过对阿伦特概念的全面转换，使得重新确立公共领域与民主的合法性之间的联系成为可能。

其次，在政治思想史领域中，剑桥共和史学的宗师波考克把阿伦特对于公与私的区分和以赛亚·伯林对于积极自由与消极自由的区分结合在一起，作为他的基本的概念座架，一方面相对于自由主义的自我理解，重构了公民人文主义的历史谱系，强调公民人文主义的两个维度即以德性为中心的共和主义模式和作为自由主义现代性之前身的以法律为中心的范式是继续并行地得到发展的；另一方面以风俗作为整合公民人文主义和商业人文主义的中介，从而以德性、权利和风俗的三重奏提供了一种新的政治思想史模式，一幅迥异于自由主义范式和以古典共和主义面貌出现的前自由主义范式的崭新的政治思想史画面。

最后，我们还可以从几度兴衰但仍然余韵不绝的美国对公共哲学的探求中辨认出阿伦特的思想建构和历史叙事的凝重面影。其名肇端于李普曼的美国公共哲学一方面与阿伦特、弗里德里希和塔尔蒙以及德国战后的极权主义批判相呼应，首先关注的是自由民主在20世纪的沉沦式微以及极权主义的悚然崛起——而李普曼视之为现代民主在非常时期无力阻滞极权主义之一大原因的屈从于大众压力的公共舆论虽不能与阿伦特所谓"恶的平庸"完全相提并论,但却也不无可比性。另一方面则开启和预示了后来在历史学界、法政学界、社会学界甚至哲学界蔚为大观的对美国立国原则的广泛诠释和深入解读——而阿伦特并未自外于这一大潮,《论革命》中对于美法革命的瑰丽的富有想象力的对比则更是与以贝林和伍德为代表的革命史学范式,以阿克曼、米歇尔曼和森斯坦为代表的共和法学范式,以克里斯托尔、诺瓦克和贝拉为代表的公民宗教范式呈相互呼应之势,甚至对后来者有极大的启示作用。例如目前似已接过美国公共哲学探求之旗帜的桑德尔则干脆直接以新阿伦特主义相标榜。

桑德尔诚然难说有多大的理论建树,但我们不要忘记,被视为深刻地刻画了美国民族和文明的气质的实用主义哲学在经过杜威对公共性的探索和米德对自我的社会构成的揭示后,已经充分地彰显出其激进民主的政治意涵。哈贝马斯更是视之为继青年黑格尔左翼之后对于民主问题的最有创造力的回答。更为重要的是,经过哈贝马斯的重构,实用主义已经从一种用传统欧洲的和我们中国人的眼光看有些"粗俗"的"地方性"哲学"升格"和"蜕变"成了一种相当"精致"的"普世"哲学,并成为哈贝马斯和他的同侪们为之鼓与呼的"反思现代性"的构成性要素,而恰恰是这种"反思现代性"的观念为最终证成具有规范性内涵和普遍主义指向的"多元现代性"诉求奠定了基本的视域。

分别沿着历时和共时或纵向和横向的标轴分化和展开、调整和互动的公私二元区分对于我们观察中国近世以来的古今中西之争同样是一个既极具启示,而又有相当限制的概念架构。一方面,从清末民初的"私德"、"公德"之辩,"中国人自由多少"之争,经20世纪中期的"政道与治道"之辩,"以自由主义论政,以传统主义卫道"之争,到晚近对中华现代性和中华文明主体性的探索和寻求,都可以在在看出上述架构或明或暗、或浅表或深层地起着支配性的作用。但另一方面,近代中国面临的问题的总体性和复杂性又使得无论传统中国的体用模式还是现代西方的公私之辨都愈益显得捉襟见肘、不敷使用。

从西方自身的语境来看，阿伦特所描摹的现代社会领域的兴起对于古典的公私之辨的含义无疑是双重的。一方面当然是公私之间的古典区分被彻底模糊，例如出现了像“福利国家”这样在阿伦特看来“自相矛盾”的现代建制；另一方面，真正现代的私域概念又与古典的公私区分毫无关联，非复此种区分所能牢笼，例如卢梭的“私密”(private/intimacy)概念和密尔的“个性”(individuality)概念这种只有在基督教为西方世界永久性地贡献了“意志自由”之后才能出现的概念当然是古代的异教世界所完全陌生的。更为重要的是，在尚未发展出既能最大限度地包容古代智慧，又具最强烈的现实相关性的概念框架之前，不管一种概念框架对现状的诊断是多么入木三分，如果它是与既有的架构完全对立的，那么不但它的建设性将大成问题，而且它的破坏性将使它严重错失对于理解现时代至关重要的东西。哈贝马斯的公共领域对阿伦特的公共空间的改造和重构正是趁这一概念间隙而起，而对于公共领域的双重性——经验的维度和规范的维度——的强调则使得这种对于公共性的探究可以与社群主义和共和主义一样被理解为广义的自由主义现代性的自我救赎的内在组成部分。

从中国文化保守主义核心论述形成的背景来看，西方从“二战”结束前后到20世纪60年代初，从极权主义批判到意识形态终结这一阶段所呈现的“意识形态”板结化不能不说对前者产生了相当大的负面影响。这主要表现在，这一核心论述虽然把握住了康德哲学这一自由主义的理想主义之根(“西方的”新保守主义者斯特劳斯亦认为正是康德为自由主义奠定了道德基础)，却仍然受制于战后西方“买椟还珠”、“壮士断臂”般的自我反省的浅表性，从而重新落入了“中体西用论”的旧径。例如，在作为“制度层”的“社会性实有”与作为“观念层”的“文化秩序”的关系问题上，用来支持新外王论以便“开出”民主与科学的“两重存有论”仍然不免有抽象地并置理想与现实的简单化之嫌。而这主要还是由于此种论述一方面把注意力主要集中于"儒学出路"问题，而非更广泛的"哲学危机及出路问题"(劳思光先生语)；另一方面则汲汲于"化西"(牟宗三先生语)，"不是把儒家思想视为修正西方现代性的另一种可能性，而是当做西方主流的超越；不是为儒者在现代性中找到自己的立足之地，而是在儒学体系中给现代性划定位置；不是转向某种较为朴实的、致力调和的努力，而是贯彻总体超越西方哲学的策略"。德人雷奥福(Olf Lehmann)于是把这种"力图将儒家的立场从讨论中的一方转变为整个讨论的框架"的"已成惯例的因应策略"称之为"此种道德形而上学思路在其纲领上的过度要求"。

正如现实社会主义运动的祛魅恰恰反过来为马克思主义解咒，并为后者重新恢复和焕发活力提供了契机，20世纪晚期在反思现代性前提下出现的实际上具有规范性内涵和普遍主义取向的多元现代性观念也为我们透视儒家传统的当代意义提供了一个新的平台。从这个视角回望中国近代自西学东渐以来从器物、制度到文化(心性)的变革历程，以及从"中体西用"到"西体中用"的论辩逻辑，都莫不提示我们公共哲学和政治思想之属对于当代中国制度建设和社会转型的不可取代的重要性。在这里，公共哲学和政治思想所对应的作为人类之"共法"的正式建制的框架和公共讨论的平台既非只是上述三步曲中的一步，也非体用模式中的单纯的"用"(如在"中体西用"论者那里)或单纯的"体"(如在"西体中用"论者那里)。在这里，所谓"制度"不再是可以与它所生长和植入其中的文化秩序中完全分离开来从而外在地"移植"的，也不是可以通过对传统的更具"独白"色彩的重新阐释从而内在地"开出"的。在这里，重要的是一种理性反思和对话原则所主导的集体学习过程：我们的"对话者"不但包括"他人"，也同样包括"前人"；我们所"反思"的不但有"前人"的世界，更有"他人"的世界，因为在我们置身的这个时代，"他人"的问题同时也是"我们"的问题——离开了"他人"，甚至都已经没有办法来界定"我们”。在这里，始终重要的当然还有阿伦特所谓“自我开启”和“自我创造”，但是“开启”必其来有自，“创造”更非无中生有；“开启”是在“这里”“开启”，“创造”是在“这里”“创造”：

“这里”就是蔷薇，就在“这里”跳吧；

“这里”就是罗陀斯，就在“这里”跳吧！

于普林斯顿大学 Friend Center

2008 年 1 月

目　　录

中文版序言

为一本十多年前的书撰写序言是一项困难重重的工作。时代变了，背景变了，特别是人变了。从宽泛的意义上来说，人的变化涉及他们的所感、所思和所行，而从精确的意义上来说，则是一代人取代了另一代人。这个序言是为中国读者写的，这使事情变得更加复杂，因为严格说来，中国处于本书所描述的许多观念传统之外。此外，我唯一的一次中国之行已经是几乎三十年前的事情，而在过去的三十年里，没有哪个地方像中国这样刮起了如此强劲的改革之风。因此任何人似乎都有充分的理由来质疑本书对于21世纪的中国读者所具有的相关性。

但是且让我指出，某些时候，相反的一面不可思议地恰恰是真实的一面。

首先，作为过去三十年变革的结果，中国已经从一个“发展中国家”变成了一个“经济大国”。一些人预测，21世纪的全球经济将不再是西方的天下，而是东方的天下，而中国正处于一个最前沿的位置上。如果这的确成为了事实，我们无疑将会欢迎这样一种隐含的公正：一个对世界上如此众多的人口负责的国家，最终享有了与之地位相称的世界财富。

但是在纯粹的经济增长的数字之下，还有一个更加根本和持久的事实，那就是中国经济的转型——这最终将会改变中国社会；

这一转型之所以会发生，是因为中国已经开始朝着一种更加个人主义的经济观迈进。中国日益在全球经济舞台上崭露头角（过去三十年的发展仅仅是这一过程的开始），而对个人积极性和企业家精神的鼓励则在其中发挥了相当大的作用。

在某种意义上，这一事实可能会使中国读者更加难以理解本书，因为本书的基本论点是：尽管个人主义在西方的发展过程中发挥了不可或缺的作用，但是它却有点像一种已经快要耗尽、乃至于衰竭的力量。正在经受经济个人主义第一波洗礼的读者，怎么会想要阅读一份扩充了的、关于个人主义的讣告呢？

答案可能是双重的。首先，本书的论点并不只是说"个人主义已经寿终正寝"，本书还指出了个人主义在西方的发展过程中做出了非常重要的贡献，它已经被彻底地整合进西方的世界观，以至于在西方坚持强调个人主义的作用已经是不必要和徒然的——甚至是起反作用的。但是这里关键性的短语是"西方的发展过程"。因为我在本书最后一章里试图表明，其他非西方文化还没有看到作为它们的哲学和意识形态构成之主要内容的个人主义的发展；至少在这样一些情形中，个人主义也许仍然大有可为。而中国无疑就处于这种情形当中。

但是也许更切题的是最后一章里的那个提议：这些非西方文化的要素可以为个人主义提供一种补充，并创造出一种在未来服务于所有文化的均衡的世界观。对于"报"(Pao)之观念的分析（美籍华人人类学家许烺光[Francis L. K. Hsu]为我提供了这一观念）就是我所使用的一个例子，而在这一点上，一个中国读者很可能有理由比其他地方的人更能从本书中受益。

许烺光认为，"报"代表了中国文化中对"互惠性"(reciprocity)以及把自己的慷慨扩展到他人身上这种意愿的强调。如果许烺光是对的，如果这就是中国人撒播经济个人主义种子的土壤，其历史意义就的确是重大的。因为我们也许正在见证一种混和物的诞生，在这个混和物身上，个人主义的优势得以在这样一种世界观里发展，这种世界观优先考虑的，不只是我们彼此间的责任和义务，而是由于把我们个人主义的努力置于一个互惠和慷慨的背景当中而获得的那种更深刻的满足感。

当然，这个混和物的形成面临着许多巨大的挑战。中国面对着所有发达国家和发展中国家所面临的一个令人生畏的任务：在经济发展和环境保护之间求得一种平衡。毫无疑问，这两者都会使人受益。但是显然，也同样需要带着对社会环境恶化的关注来调节个人经济企业的发展。发现经济个人主义和社会互惠性之间的恰当结合点并不是一件容易的事情。但是许烺光所说的互惠性观念是中国文化传统所固有的，这使中国在发现一条能够确立起一种真正有益的均衡发展的道路上，处于一个相当有利的位置。

1979 年，当我一个人在北京，走在从东方饭店(the Dung Feng Hotel)到天安门广场的路上时，我遇到了两个小男孩，一个大概 7 岁，另一个大概 10 岁，他们在广场西侧一个夏日阵雨之后形成的大水坑里兴高采烈地蹚水玩。年龄较小的男孩先看到我，他因为被一个成年人——而且是一个**西方人**——发现了自己在蹚水玩而感到不安，他马上跑到边上停着的一辆吉普车后面躲起来。他那个年纪稍大的朋友，完全沉浸在蹚水的快乐中，他很晚才发现我，以至于不可能再去找一个藏身之处：我离他大约一二米远，他被我"逮"住了。一种慌乱的表情在他的脸上只是停留了一小会儿，随后，当他那个羞怯的朋友从他那个安全的位置打量我们的时候，这个大一点的男孩脸上忽然漾起了灿烂的笑容："Hello!"他朝着我的方向大声说道。我笑着回望他，并报之以同样的问候，而他的朋友则怯生生地看着我们。

大约三十年前，我看到了一个崭新的中国正慢慢脱颖而出。这个中国小男孩正是在以他自己幼小的方式证明着个人的主动性，当他的朋友躲在一辆吉普车后面的时候，这个小男孩却大胆地和一个西方人建立起了交流。但是甚至更重要的是，他大胆的、个人主义的姿态并不是机会主义的，也不是自我中心的——就像个人主义常常表现出来的那样。他的问候是一种超越的姿态，是对于未知的和新的前景的欢迎。如果这一超越的时刻确实是一个新的中国的象征，那么我确信本书对于中国的读者来说就并不是言之无物的。但是我也同样强烈地感到，这个全新的中国能够教给我们这些深深扎根于西方个人主义传统当中的人很多事情。把所有这些结合在一起，我们就可能会发现，我们能够对这样一个新观点——即人类应该怎样采取下一步、从而进入一个在真正互惠的环境中做出个人主义努力的未来——贡献自己的力量。

丹尼尔·沙拉汉

2008 年 9 月

译　序

一本中文译著，已经有了原作者专为中文版写的序言，似乎没有必要再画蛇添足加一个译序，但是鉴于这是一本跨越了心理学、哲学、政治学、社会学、宗教学、人类学乃至于文学批评等不同学科，而作者又使用了大量自造词，因而既不太容易阅读、也不太容易翻译的著作，译者在正文之前就这本书的内容稍作总结，略加评述，并且就作品内容和翻译中的难点问题提出一些心得看法，似乎并非完全没有必要。

个人主义在西方世界里的重要性不言而喻，研究个人主义的著作自然也并不少见。按照本书作者丹尼尔·沙拉汉先生的看法，这些著作都主要以两种模式出现：一种是所谓的“常规”（normal）研究模式，或者说传统研究模式，这种模式把个人主义看做是西方的既有事物，一种能够以多少带有传统意味的语言加以分析和讨论的社会和哲学态度，这种研究模式以卢克斯、里斯曼、迪蒙为代表；另一种则是所谓的“转换生成的”（transformational）模式，这种模式认为个人概念是一种意识形态虚构，并因而都把消解个人概念——通常是个人主体——当做自己的使命。这种研究模式按照对马克思主义或者后结构主义/后现代主义的倾向可以区分成两个阵营：詹姆逊、阿尔杜塞、哈贝马斯、法兰克福学派属于前一个阵营；拉康、福柯、德里达则属于后一个阵营（第 3-4 页，此处页码指英文版页码,下同)。

作者在导论中主要探讨了转换生成模式和他自己所采用的方式之间的对比,他那稍显繁琐和晦涩的分析,实际上似乎只不过是想预先回应后现代阵营和马克思主义阵营可能对他提出的批评,因而也就是在为自己作品所采用的方法辩护。他首先针对后现代阵营可能对他采用"叙事"形式的批评做出了回应,他认为,无论语言和叙事具有怎样的局限,都仍然是人类据以获知的手段。不过他也指出,他的作品虽然不可避免是叙事性的,但是它并不是后现代所批评的必胜主义式的叙事,而是一种关于兴衰的叙事(第 6-7 页)。其次,他对马克思主义阵营可能提出的质疑做出了回应,这个质疑就是:建立在少数人压迫多数人基础上的西方传统,是否能够代表人类智识发展的全部。作者认为,把代表性的规模作为正当性的先决条件不免过于简化,即使西方传统源于少数特权精英,也不应抹杀其具有影响和真实价值的可能性;而且,历史的真实似乎也确实总是首先在某些特定的社会发展出先进技术,然后才对其他社会产生影响。作者正是把个人主义看做是"一种技术",而且在他看来,即便它是一种有缺陷的技术,它也丰富了我们作为一个物种可以利用的各种可能性(第 8-11 页)。

在对转换生成的模式作了讨论之后,作者接下来在第一章"个人主义的重新界定"里对传统研究模式作了分析,并在此基础上对个人主义提出了一种新的界定。作者首先指出,个人主义这个词具有丰富的含义,它实际上打开了"一个意义的迷宫"(第 13 页)。在对莫里斯、迪蒙、卢克斯、里斯曼等人的看法加以探讨之后,他认为这些作者所持的从社会、政治角度展开的论述,在瞩目于社会政治维度的时候,也许恰恰忽略了个人本身;他承认个人主义的社会政治分析是重要的,但是他认为,社会政治分析无法深入到这样一些问题的内部,即"个人主义今天对于我们意味着什么、它如何发挥这种作用或者它在未来可能扮演何种角色,既然我们是心理与道德的存在,一如我们是政治的存在";因此,他认为,"转向个人视角本身,通过造成了所有这些混乱的生物之眼来审视并获知从该角度来看的个人主义的性质”，看来是有意义的（第 17 页）。他认为瓦特的著作在这方面提供了有益的启发，在分析了瓦特的著作之后，作者认为，“追求真理是一项彻底的个人事务”这一信念是个人主义的核心所在，也是个人主义据以建立的基本假定（第 18 页）；他因此把个人主义看做是“一种信仰体系”，在这个体系里，“个人不仅被赋予了直接的地位和价值，而且也成为了真理的最终裁断者”（第 20 页）。

从第二章“古代世界”开始，作者踏上了他的谱系学考察历程。他认为采用心理学的方法要比哲学逻辑的方法更明智（第 24 页）。也正是从这样的角度出发，他根据弗洛姆（第 24-25 页）和杰恩斯（第 26-31 页）对古希腊人和古希伯来人的研究，把古代世界自我出现的过程总结为以下几个步骤：首先，西方传统的最早阶段，个人可能都沉浸在非主体的经验当中，没有任何具体化、空间化的自我概念，他们是没有我们今天意义上的意识的。但是，在古希伯来人和古希腊人那里，由于社会变迁、人类大脑的变化或者作为这二者与其他因素共同作用的结果，已经出现了一种“模拟-我”（the analog-“I”）。模拟-我在个人和他或者她的经验之间充当了一个缓冲器，它意味着主体意识的出现，而“主体”意识的出现代表了从沉浸于生理体验当中的状态到主体性状态的一个转变，这使个体根据体验来反思自身成为了可能，自我于是成了反思所发生的处所。此后，随着古代人使用隐喻能力的增强，“模拟自我”（the analog self）开始出现和成长，随着模拟自我出现的，则是个体叙述能力、思考能力的增长，个人也开始承担原来由神明所发挥的那些作用，为人类行为的动机及其正当性提供支撑。逐渐地，个体自我不再依靠外在的神明，而是依靠自己来承担责任（第 32-33 页）。

第三章“基督教”，作者对从古代世界到基督教世界的转化如何影响自我的发展做出了分析。作者首先对希伯来的律法传统作了探讨，他认为由于文士和法利赛人的控制，希伯来人的律法传统变得僵化了，并且使得上帝远离了个人；犹太传统的僵化和当时家庭、国家等社会形式的崩溃，以及希腊理性主义的影响，使基督教的出现成为了可能。基督教废除了犹太教传统的形式化，使得人和神的沟通成为了心理上的而非身体上的，成为隐喻的而非字面的，成为内在的而不是外在的，基督教所具有的出世特征和个体化的特征都促进了个体自我的成长。最关键的，基督教道成肉身、本体同一的教义使西方个人自我出现了一个新的层次，即超越性的层次。作者认为，基督教的自我和古希腊和希伯来的“模拟自我”不同，因为古希腊和希伯来的“模拟自我”实际上仍然是被动的，他们只是在已经客观化和具体化的法典中做出选择，而基督教的自我则已经窃据了精神上的主动权，它可以在与神的沟通中实现精神上的超越，从而变得更加完全（第 39-40 页）。作者认为，在奥古斯丁身上最好地体现了基督教贡献的真正影响，即出现了一个外在授权的自我（the authorized self），自我获得了授权，获得了个体的精神性以及判断是非的能力，尽管这种授权并不是来自于自我本身，而是来自于基督教的上帝。基于这些判断，作者认为，个人主义的基础，即个人是真理的最终决断者这种信念正是由基督教所稳固地建立起来的（第 44-45 页）。

第四章“中世纪和文艺复兴”。中世纪，曾经以比喻性的寓言（parable）为基础的神秘主义，变成了一种具有广泛力量和影响的体系化和制度化的宗教，这一发展虽然冲淡了基督教的精神性，但是却并没有根本消除基督教在先前对个体自我造成的影响（第 47 页）。中世纪对待个人的看法，实际上正是按照基督教所铺设的完全个人主义的精神结构往前发展的。而最富启发的两个方面，一个是对忏悔过程中反省所具有的重要性的强调，另一个则是在决定人是否有罪时考虑个人意图的作用。在这个过程中，基督教最终把精神更新和道德辨别的力量转让给了个人，个人因此完全获得了外在的授权，而一旦开启世俗化的进程，个人就会把这种外在的授权变成自我内在的授权（第 50-51 页）。这一章的第二部分讨论了文艺复兴时期的自我，作者批评了布克哈特的观点，他认为，期待个人主义在文艺复兴时期突然而又醒目地出现是一个错误。相反，文艺复兴实际上是由基督教的出现所开启，由早期教会系统化、并加以巩固和传播，并且由中世纪带来显著发展的那个过程的延续，它是外在授权自我实现自身潜能的一个时期，并由此造成了艺术和文学方面创造力、发现世界和发现人类自身渴望以及接受最广泛的多样性的自发愿望的全面爆发(第 52-53 页)。总之，中世纪的基督教仍然是一个“外在授权的自我”时期，文艺复兴时期也仍然处于这样一个时期，但是文艺复兴通过解放自我，却为世俗化进程的开启作好了准备。

第五章“宗教改革”。在这一章里，作者对弗洛姆的《逃避自由》和马克思·韦伯的《新教伦理与资本主义精神》作了比较分析。他指出，宗教改革使自我摆脱了真理是从某种超自然的根源里流溢出来的观念，而慢慢接受了自我本身就有对关于真理的终极问题进行裁断的能力的观念；宗教改革使个体自我的道德判断完全主观化了，并且授权自我去做那些一度为犹太-基督教的上帝所保留的事情(第 62 页)。新教特别是加尔文主义认为人的得救和善功无关，这就使人类的努力变得毫无意义；而预定论则使上帝变得遥不可及，个人被迫进入了空前的内心孤独，而且没有谁能够提供帮助，教士、圣事、教会，甚至上帝本身都不能，因为耶稣只是为了被拣选者而死的。从新教神学的这些特点，到这样一种立场，即如果个人真是孤独的，那么就必须独自做出道德和伦理的判断，而无须一种对人类处境无动于衷的超自然力量的批准，只有一步之遥(第 65 页)。既然上帝不在场，个人就得依靠他或者她自己的努力来承担就真理的性质做出判断的责任了，个人完成了自我的内在授权，成了独立而自足的道德行动者。这就是自我发展的第三个时期——“内在授权的自我”(the empowered self)时期，只不过，和个人在完成自我内在授权相伴随的两个特点，即自我难以承受的孤立，以及消解使社会得以延续的社会凝聚的趋势(第 73-74 页)，却也可能埋下了后来的个人主义社会原子化的种子。

第六章“个人主义的时代”。个人主义的时代，个人主义作为一种真正的信念体系出现了，西方社会开始极度依赖这种信念体系。在这一章，作者考察了占有性个人主义、主观个人主义和浪漫主义的个人主义。他承认，这三种类型并没有穷尽过去300年里个人主义的所有表现形式，但是却最好地表现出了个人主义既有意义却同时又很成问题的一些方面(第75-76页)。

占有性个人主义是加拿大政治学者麦克弗森的一个原创性命题。在麦克弗森看来，占有性个人主义以及最终自由民主制的所有原则都源于“个人占有”这一基本原则，即个人具有免受他人意志控制的自由和对自身禀赋的所有权。值得注意的是，本文作者从谱系学的角度，在占有性个人主义和加尔文主义之间建立起了联系，他认为，正是加尔文主义的内在授权使个人成为了一个自由人，而不再是希腊传统的“诸神的工具”、或者希伯来传统中的“上帝的选民”或者基督教传统中的“上帝的子民”，而是成为了一个对自己的禀赋拥有所有权并且能够自由运用这些禀赋的自由人(第77-78页)。

由于宇宙并不主动遵从个人对它的期望，内在授权的自我因而转向自我内部，分析自己以及它能够被了解的程度，于是主观个人主义也作为一种支配性的道德、哲学和形而上学被确立起来。休谟的批判哲学促进了这一进程的开始，他拒绝单凭信仰接受任何事情，对所有不是建立在经验证据基础之上的关于真理的断言都持怀疑态度。休谟的结论强化了认识论研究的反身性，将注意力更多地集中于自我这一实体上(第81-82页)。而康德则牢固地确立了内在授权的自我在一种不受先验道德和宇宙论信念影响的存在中的地位，并在形而上学的根本层面上，确认了追求真理是一件完全个人的事情。康德确立了自律的个体作为宇宙道德中心的地位(第83-89页)。

浪漫主义是个人主义同一种社会、文学和哲学运动的第一次融合，这个运动强调个体才是宇宙的中心，至少是从人类观点出发来看的宇宙的中心(第90页)。浪漫主义的个人主义更加强调自我发展，强调个人的力量，强调自我在情感和精神方面的正当位置，强调个体私人情感的重要性，完全可以被认为是内在授权的自我的一次庆典。但是与此同时，浪漫主义者也开始显露出个人主义中一些令人不满的因素，这些因素在使浪漫主义者成为个人主义的典范的同时，也使个人主义抵达了它最后的兴盛期。浪漫主义的观念成了对我们自己时代的一种诊断，即原来那个健康的人病了，而这一现代病的核心就是人的破碎、分裂、疏离和异化（第 94 页）。

到这里，作者完成了他的谱系学考察，如果简单总结一下，作者的主要观点就是：西方自我概念演变的第一个时期是古希腊人和古希伯来人那里的"模拟自我"（the analog self）时期，模拟自我是最初的、具体化的自我；其次是奥古斯丁和基督教时代"外在授权的自我"（the authorized self）时期，通过基督教所暗含的一些假定，自我被外在地授权去判断宇宙中更高级的善，并努力实现这种善；最后则是近代的"内在授权的自我"（the empowered self）时期，个人已经完全把判断是非善恶的能力掌握在自己手里了。在接下来的章节里，作者从关于自我本身的一些假定所存在的问题的角度，对个人主义进行了批评性的分析。

第七章"从个人主义到真实性"。在这一章里，作者借用特里林关于"诚"与"真"的分析，来揭示浪漫主义与现代异化之间的关联。特里林的分析表明，从真诚到真实的转变过程和异化之间存在着某种关联：真实的自我在道德上必然是自我授权和自我证明的，它和集体的需要也是不相容的，个人主义因为寻找真实，而走向了异化。"从强调真诚到强调真实的转变过程"，就成了"个人主义遗产的最终胜利"，却也是"现代异化的开始"（第 100 页）。作者接下来谈到了个人主义中的自我指称问题，即如果自我唯一的出发点是他的孤立状态，而且个人主义的自我使他成为了真理的唯一裁断者的话，那么自我怎么可能走出他那令人苦恼的孤立状态呢？作者认为，极端来看，个人主义成了一个"封闭的系统"，它排斥了其他标准，而只能复制和确认它本身的主体性，结果个人主义变成了一种把自我拖向越来越深的孤立状态的同义反复，成了一种从自我到自我的循环（第 104-107 页）。

第八章"逃离自我的迷宫"。理解自我的活动和自我的规模及其复杂性之间是相互作用的。如果把个体自我必定是所有真理的裁断者确立为基本前提的话，那么为了对真理做出自信的评价，自我就不得不了解自身。然而，了解自身的过程不仅扩大了自我的范围，而且也使它变得更加复杂。于是，每一次理解自我的努力都会导致一个新的需要探索的领域。结果，自我指称使个人陷入了一个自我的迷宫，使理解自我的愿望变成了对这个迷宫的永无止境的探索（第 108-109 页）。作者认为，马克思代表了对个人主义思想倾向的一种颠覆。马克思认为，必须把所有分析建立在个人的真实生活过程基础之上，意识并不是"单个人所固有的抽象物"，它从一开始就是"社会的产物"（第 112-113 页）。作者认为，如果意识的出现以及作为个人主义基础的每件事情实际上都是源于一种交互性的源头的话，那么个人主义关于个人主观感知的优先性以及自我和社会之间的固有冲突这些假定就是成问题的，而要走出自我的迷宫，就要求我们质疑和放弃这些假定，而这或许也就意味着个人主义的时代即将结束（第 122 页）。

第九章"超越个人主义"。作者在这一章开头提出了这样一个问题，即如果个人主义代表了以多元主义的主体间性为代价的个人主体性所获得的发展的话，那么多元主义的主体间性是否能够培养出来，以及如何才能培养出来。作者通过对西方资本主义、拉美天主教文化、亚洲（特别是中国）文化等不同文化传统进行跨文化的人类学研究，试图表明，个人主义范式的替代物不仅存在，而且可能也预示着一种以承认人类的相互依存为基础的新的世界观的出现。

上面对本书的内容作了一个粗线条的梳理，这种梳理难免挂一漏万，而且注定错过了作者所展示的许多美丽的风景，因此要想领略这本"论证严密"但是又"富于争议"、"饱含哲学和心理学价值"的"迷人"著作（华盛顿大学 James W. Tollefon 和旧金山州立大学的 Eric Solomon 的评论，见原书护封）所带来的智力挑战和精神享受，还需要读者静下心来慢慢品味。

本书作者丹尼尔·沙拉汉先生是布拉格查尔斯大学（Charles

University)人文学院的传播学教授,在斯坦福大学获得博士学位,并两次入选美国富布赖特项目高级访问学者。他曾是法国、美国等国家研究机构的研究人员,并曾在加拿大、波兰和奥地利等国家的大学做访问教授。他的教学和研究领域涉及语言和文化、文化和文学的哲学和心理研究法,以及语言神经心理学。他最近的一本著作是《语言、感觉和大脑》([WTBX]*Language, Feeling and the Brain*[WTBZ], Transaction Publishers, 2007)。他在这本书里,从个人角度,或者说从自我角度来审视个人主义的独特视角,以及多学科的研究方法,正是我们认为这本书的价值所在。然而对于这个主题的阐述,无疑就像作者所说的,是"被极度的复杂性弄得错综麻烦的一项任务"(第 96 页),因此尽管这本书篇幅不大,但是由于其跨学科性,由于它几乎涉及了作品出版前西方论述个人主义的所有重要著作,同时也由于作者有些晦涩的文风,使得翻译花费了很大的功夫,而其中最难的,莫过于对作者自创或者借自他人的一些原创概念以及这些概念之间的细微差别的揣摩。比如本书最重要的一组概念 analog-I、the analog self、the authorized self 和 the empowered self 就是如此。

首先在 analog 这个词的翻译上,译者就大费周折。作者不仅使用了 analog-I、the analog self(当然这些词实际上可能是作者从杰恩斯那里借用来的),甚至还有 the analog of the analog self 这样让人望而生畏的词。就这个词在全书的使用而言,它包含了模拟(物)、类似(物)、类比等含义,译者本来想仿照"类人猿"中的"类",把 analog-I 翻译成"类-我",the analog self 翻译成"类自我",the analog of the analog self 翻译成"类-类自我",这个译法虽然简洁,但是译者却又总觉得"类"这个词容易让人产生诸如"类别"等其他方面的联想,让人生出误解,因此后来不避繁难,分别改译成不易让人产生其他联想的"模拟-我"、"模拟自我"、"模拟自我的模拟"。

其次,the authorized self 和 the empowered self 这两个词的翻译也让译者伤透脑筋,作者一开始查阅大量近义词辨析词典,都没有找到 authorize 和 empower 之间的区别,但是在翻译的过程中,译者感到作者是有意这么区别使用的,经过和作者联系,译者的想法得到了作者的确认。他指出,前者实际上仍然需要某种源于其他来源(比方说宗教、政治)的同意和批准,而后者则无需外在的同意和批准,它本身就是其正当性的来源,因此译者同样不避累赘,将这两个词分别译为"外在授权的自我"和"内在授权的自我",而本书中所有和 authorize、empower 这两个词有关的词形变化或者派生词,都分别采取了相应的翻译形式。

除了这一组核心概念之外,作者还对许多词作了创造性的使用。比如,他从叙事(narrative)这个词创造了其动词形式 narratize,并使用其-ing 形式作为形容词形式;再比如,他从 refer 这个字根衍生出了大量的派生词,而且使用非常灵活。这些精细的差别往往是字典上查不到的,网络能够提供的帮助也非常有限。对于这些情形以及其他类似的情形,译者虽然已经思量再三,而且还和作者进行了商讨,但是最后也仍然有可能因为译者的驽钝不敏而言不尽意,甚至言不及义。

总之,本书的性质决定了它不是一本好读的书,但是我相信,如果读者能够耐心读下来,却一定会得到很多的启迪,特别是对于西方个体自我,乃至于拉美天主教传统和亚洲文化下的个体自我,都会有一个较为深切的认识和反思——尽管这并不意味着,我们对作者的观点不会有所保留乃至于提出质疑。

本书中的人名、地名等专有名词,在遵从约定俗成和名从主籍原则的前提下,参照商务印书馆出版的《英语姓名译名手册》(2004 年第 4 版)、《法语姓名译名手册》(1996 年第 1 版)、《德语姓名译名手册》(1999 年第 1 版)和《外国地名译名手册》(1993 年第 1 版)译出。人名、书名、重要术语、生僻的非英语单词、短语(比较常见的如拉丁成语)以及译者认为可能引起歧义的术语在文中首次出现时,均以夹注的形式附上原文;为免读者前后翻查之苦,一些词语还会多次夹注。

本书英文版使用的是书末尾注,考虑到中文阅读习惯,一律改为页下脚注，以“1、2、3……”的形式连续标注，索引也作了相应处理。本书注释中引用的参考文献，为方便读者查检原作，均保留原形式；对于参考文献已有中译本的，译文均参考了现有译本，有多个译本的，则只选取其中一种。由于本书原著包含大量的间接引用、部分引用以及直接引用和间接引用结合在一起的“创造性”引用（比如第九章脚注 4），再加上为保持全书译名、文风统一，又或者本书译者对于某些中译持有不同看法，因此对现有中译都只是参照，而未必完全一致。指出这一点，也是提请读者在作相关转引时，务必不可取巧，而应当核对原文。另外，为帮助读者理解，译者对于文中的难点或比较生僻的人物、事件等内容添加了注释，以“〔1〕、〔2〕、〔3〕……”的形式连续标注，并在注末添加“译注”字样。

本书的翻译出版，首先要感谢作者沙拉汉先生，他不厌其烦地回答了我提出的三十多个问题，并且在版权的联系上给予了帮助。

我的导师张桂琳女士，一直鼓励我从事学术研究和学术翻译，并关注着我所取得的每一点小小的进步。丛日云、杨阳、常保国、田为民、林存光等先生一直关心我的成长，并且关注着本书的翻译出版。作为我在学术之路上独立完成并出版的第一本译著，这本书理当献给他们。

吉林出版集团有限责任公司的崔文辉先生热情支持学术出版，令人感佩。好友刘训练在得知笔者正在从事个人主义研究后，慨然向笔者提供了本书，而在得知笔者有意翻译此书时，又在出版社和版权联系方面多方协调。我的师弟周建明、李黄骏校读了全书，并且提出了许多有益的修改建议，在此一并表示谢意。

我的妻子黄晓慧一直默默地支持着我，和她在一起的十一年的时间里，她忍受了我从行政岗位转向学术岗位过程中毫无经济效益可言的蜕变成长过程，而我却见证了她如初的美丽、真纯与可爱。她还在如火的七月，牺牲了自己假期的时间，提供了本书第六章的初稿。

译事之难，如人饮水。在这个日益喧嚣浮躁的世界上，从事学术翻译最难的却莫过于一颗平常心和责任心；有了平常心，才不会在所花费的时间精力和所获得的物质收益上盘桓算计；有了责任心，才有可能耐得下性子一个字眼、一个字眼地去抠索，以及患有强迫症似的去查阅每一个模棱两可的英文字，核对每一本已经出版的中文著作。我始终坚持认为，一个译者最起码的底限是认真负责，因此本书的译文也许并不优美，但是我却衷心希望它能成为读者可以相对放心阅读的一本著作。

译文经过了译、校、改三道工序，在和出版社约定的时间里，我已经尽了自己最大的努力。当然这并不足以作为本书可能会出现的各种问题的借口和托辞，译文中的所有讹误乃至于差错都应当由译者本人负责，并恳望方家学者不吝指正（我的邮箱：chuzhiyong@126.com）。

储智勇于京郊昌平寓所

2008年9月

致　　谢

致谢名单就像在某些颁奖场合的发言：一个人即使对促使其成功的每个人都表达了感谢也不会感到满足，然而继续做手边其他事情的需要，却要求他尽可能简洁。

如果说紧接下来的内容还算得上一点成功的话，那么我就必须表达对很多人的感谢：

我要感谢斯坦福大学的 Lucio Ruotolo，Thomas Moser，Ian Watt 和加利福尼亚州立大学萨克拉曼多分校（CSU Sacramento）的 Victor Comerchero，当我 15 年前第一次涉及个人主义论题的时候，他们帮助了我；

我要感谢[前]南斯拉夫的扎达尔（Zadar）哲学系（the Filosofski Faculter）的 Nenad Miscevic，他对本书的关注促使我坚持写作，他还帮助我安排发表了“个人主义的重新界定”（Toward a Redefinition of Individualism）一文；

我要感谢斯坦福和瑞德福（Radford）大学的 Karl Pribram，麦吉尔（McGill）大学的 Wallace Lambert，宾夕法尼亚（Pennsylvania）大学的 Philip Rieff，当我对弗洛伊德和个人主义的研究举步维艰的时候，他们的鼓励使我坚持了下来；

我要感谢那些在我的研究过程中阅读过本书以及我的其他相关著作的某些部分、并给我提出了有益批评和建议的人们：西北大学的许烺光，蒙特里国际研究所（the Monterey Institute of International Studies）的 Paula Moddel 和 Glen Fisher，加州大学洛杉矶分校（UCLA）的 Richard Yarborough，圣弗兰西斯科（San Francisco State）的 Eric Solomon 以及南伊利诺伊大学出版社（Sothern Illinois University Press）的 Richard DeBacher；

我必须感谢 Mabel Lernoud 和 Claire DeJunnemann，他们虽然身处大西洋两岸，却同样值得信赖；

我要特别感谢马萨诸塞大学出版社的 Clark Dougan 的支持和鼓励，感谢华盛顿大学的 James Tollefson 对于本书手稿细致而让人钦佩的校读。

导　论

恰如苏珊娜·兰格(Suzanne Langer)所言,一个人怎样规划他的研究将会揭示出他的思想方法(attitude of mind)。本书也不例外。不过,也许多少有些特殊的是,本书的研究模式以及它所暗含的思想方法,并不是拿起这本书的一些人(或者很多人)从其主题或者标题就能预计到的。因为这里包含的论述,并不在有关当代个人主义探讨的一些主要模式的框架之内,这里的论述暗含着不同的思想方法,对此需要作一些说明。

当代关于个人主义的探讨一直都主要以两种模式出现。一种是史蒂文·卢克斯(Steven Lukes)在《个人主义》(*Individualism*)、戴维·里斯曼(David Riesman)在《重新审视个人主义》(*Individualism Reconsidered*)以及路易·迪蒙(Louis Dumont)在《个人主义论集》(*Essays in Individualism*)里的模式。这些书都采取了一种多少有些拘泥于文字的方法:个人主义被看做西方传统中的既有事物(a given),一整套能够以多少带有传统意味的言语加以分析、讨论的社会与哲学态度,它处于托马斯·库恩(Thomas Kuhn)所谓的"常规"(normal)研究的框架之内。[1] 这一模式包括了辩护(里斯曼)、批评

---

〔1〕 参见 Thomas Kuhn, *Structure of Scientific Revolutions* (Chicago: University of Chicago Press, 1962),特别是第一和第二章。(中译参见[美]托马斯·库恩:《科学革命的结构》,金吾伦、胡新和译,北京大学出版社,2003 年。——译注)

(迪蒙)以及客观的分析(卢克斯)。这种模式有其优点。其中主要的优点,是它能够揭示和探索弥漫于我们社会和私人生活中的个人主义所具有的一些特点,特别是那些被人们微妙地接受但是却常常无法言表的、与个人主义的思想结构相伴随的信念。

不过,我们有理由说,这种"常规的"——我们将称之为传统的——研究模式不免带有某种心理学上的天真。比如,卢克斯和
3 迪蒙完全无视弗洛伊德;个人主义可能和无意识或者"绝对的、原生的自恋"(absolute, primary narcissism)有关这一想法也没有被加以研究。因此,发现另一种关于个人主义的讨论模式也许就并不令人惊讶。这种新的模式在当前非常流行,和传统的研究完全相反,它断言关于个人的传统分析根本就是肤浅和天真的,并坚持认为必须转换分析模式。这种"转换生成的"(transformational)模式为本书采用的方法提供了一个比对(a counterpoint and a contrast)。我们在下面第一章里会讨论传统模式。不过,对于转换生成的模式和本书所采用的方法之间存在的差别作一个简单的初步探讨,对于那些在不同阵营里的相关人士消化将要出现的内容来说,也许会变得更加容易一些。

个体研究的这种转换生成的方法在根本上是如此不同,以至于任何讨论它的尝试也许都会是赫尔曼·梅尔维尔(Herman Melville)称之为"如胶似蜜的脑袋"(a"honeyed-head")的事物,一个人很容易滑入这种事物里,然而却再也听不到他的消息。[1] 此外,任

---

[1] 赫然曼·梅尔维尔(1819-1891),美国作家。以其海上经历为事实依据写成其寓言杰作《白鲸》(*Moby Dick*, 1851),《白鲸》被认为是美国历史最伟大的小说之一。"如胶似蜜的脑袋"典出《白鲸》第 78 章,在这一章里,梅尔维尔提到一个采蜜人在一个大树桠上采蜜,因为发现蜂蜜很多,上身探得过猛,结果竟然被蜜吸了进去。梅尔维尔随后提到,很多人也同样容易掉进了柏拉图那如蜜似胶的脑袋里,美丽地死掉。梅尔维尔的这个说法,实际上是对柏拉图学说的信奉者多少带有一些批评意味的描述,这些人滑进了柏拉图学说所提供的似乎甜美但却是错误的满足感当中。参见[美]赫然曼·梅尔维尔:《白鲸》,曹庸译,长江文艺出版社,2006 年版,第 422 页。——译注

何讨论都会因这一事实而变得愈加复杂，即尽管人们对于分析个人的那种更传统的方法所具有的不足和浅薄可能会达成一致，但是转换生成的各种替代方案在很多方面却彼此存在重要差异，就我们的目的而言，我们最好还是把这些方面描述成分属两个不同的阵营。[1] 也许与之相称的是，这两个阵营都没有名字（使用这些名字，我们就能够以一种纯粹的传统方法来对它们加以鉴别了），而且每个阵营都可能会不时地和另一个阵营重叠；人们最常见的，是以其成员对马克思主义或者后结构主义/后现代主义的倾向来区分这两个阵营：詹姆逊（Jameson）、阿尔杜塞（Althusser）、哈贝马斯（Habermas）、法兰克福学派（the Frankfurt School）属于前一个阵营；拉康（Lacan）、福柯（Foucault）、德里达（Derrida）则属于后一个阵营。我们一会儿要探讨它们之间的不同特点。不过，首先还是有必要阐述一下它们之间存在的共同要素，因为这种要素代表了它们和关于个人的传统讨论之间发生的最重要的偏离。

尽管从他们对个人与个人主义之传统分析方法的批评当中得出了一些推论，更激进的当代理论家一般还是从这样一个前提开始，即个人概念，就像传统分析一直使用的术语那样，是一种**虚构**（a *fiction*），它是以一些未经分析的、关于个人自由的意识形态假定为基础的，这些意识形态假定忽视了一些具有如此深远影响的潜在因素，以至于个人概念对于深思熟虑的分析来说变得毫无用处。简单地说，该前提否定了这样一种观念，即存在一个原始的普遍“自我”，这一自我超然于它周围的一切事物而存在，并根据对于 4
实现某种独特的个人表达这一目标的独特而个别的特殊理解来自

---

[1] 关于这一主题，有很多划分方法，戴维·洛奇（David Lodge）在 *Working with Structuralism*（London: Routledge & Kegan Paul, 1981）里，区分了“古典”结构主义者和“后古典”结构主义者。维陶塔斯·卡沃里斯（Vytautas Kavolis）在和这里所做的关于传统和转换生成模式的区分相关联的一种区分中，还提出了另一个角度，参见他的“History of Consciousness and Civilization Analysis”, *Comparative Civilizations Review*, no. 17 (Fall 1987): 1-19.

由做出选择。相反，这些理论家认为，所有潜在的影响，从权力关系到无意识，从资本主义到语言与叙述所具有的令人难以捉摸的性质，在我们称作"自我"的意识体的生命中如此突出，并且如此与之纠缠在一起，以至于从表面上论述自我的任何探讨都是一种不牢靠的实践。离散的个体，从个人意义和历史意义(随时光流逝因为发展进程而"被解放了的"实体)来看，都是一种构成物(a fabrication)——一种**物化**(a *reification*)——当受到系统分析(methodical analysis)的冷眼审视之时，它就在我们眼前溶解了。每个阵营都以它自己的方式，把通过消解个人概念——常常是指个人主体(the individual subject)——本身来转换当代关于个人的讨论，当做是自己的使命。[1]

在消解个人"主体"的努力中所遇到的一个重点，是马克思主义阵营以及同样包括后现代主义阵营中的很多人共有的，这个重点即"权力关系"的重要性，它和米歇尔·福柯著作的联系大概最为紧密。福柯试图证明，像卢克斯或者里斯曼这样的分析家所承认的、个人主义大多数假定的成就——比方说，个人自由的增加，或者仅仅一种强化了的关于个人特性的感受——实际上是它们看起来的那些事物的反面：个人自由实际上只是一个图形-背景这种

---

〔1〕"个人主体"这个概念，像支持个人主义的转换生成方法的人使用的其他概念一样，会造成一种混乱——有时是蓄意的，就像福柯采用它来表示自我的虚构(the fiction of the self)以及暗示该自我对权力关系的从属关系时那样，最终则是为了完全消解这个词的意义。本研究所针对的是与奥利弗·萨克斯(Oliver Sacks)更符合的一种概念，他抱怨说，现代心理学常常清洗实验对象/病患的个性(the individuality of a subject/patient)以净化自身："在狭隘的病例史(a narrow case history)中没有'实验对象'"，萨克斯写道，"现代的各种病例史以一种草率的措辞('一个21岁的三染色体白化病女性患者'[a tri-somic albino female of 21])暗暗指向实验对象，而这种措辞可以像用在一只老鼠身上一样用在一个人身上"(*The Man Who Mistook His Wife for a Hat*[New York: Harper & Row, 1987], p. 4])。

对举物(a figure-ground dyad)中的一半，[1]权力和反抗意志之间不断的斗争塑造了这个对举物；增强的个性化(individualization)只是由改进了的监管技术所导致的更显著的可见物，并因此远远没有促进个人尊严和价值。换言之，尽管在表面上看起来，历史似乎一直是一部个人的解放史，而实际上我们最好还是把它描述成一个关于个人受到限制(personal confinement)的故事，当社会发展出更多更好的手段来维护它对于个体的权力时，这个故事就出现了。

这种方法对于马克思主义思想家的吸引力是显而易见的：我们只需要补充说，自我强迫的社会(the society that imposes itself)是以阶级为基础的，恰当的反应是撕去以阶级为基础的社会压迫(这种压迫处于所有权力关系的核心)的假面具，我们就有了一个经典的马克思主义的解释。然而在这里，福柯以及后现代主义/后结构主义阵营中的其他大多数人同马克思却有了分歧。福柯从来没有说明，比方说，这些权力关系的源头在哪里——是在个人当 5
中、在社会当中，还是在个人结成社会的过程当中；他并不一定认为权力关系是一件坏事情；他也不认为撕去它们的假面具就一定会带来人类精神的解放。实际上，在这一点上，有一条认识论上的鸿沟把两个阵营分隔开来。因为马克思主义者对于资产阶级个人主体的批评，是以对一个可知事实的坚定信念为基础的，而这个可知事实又是以一些可定义的原则(阶级斗争的事实，这种斗争的物质基础，斗争的辩证运动的原则，等等)为基础的，在这些地方，后现代/后结构主义对"主体意识"的批评，却是以一种更激进的认识论转变——实际上是对认识论本身的消解——为基础的。

因为在对我们如何知道我们所知这一问题的回应当中，关于

[1] figure-ground是心理学术语，也翻译成"形基"。"形"是知觉者选出来希望看到的事物或事件，它是知觉者感到有趣、想知道并有吸引力的东西，即目标刺激；"基"是构成背景的一切因素。形基关系对于人类认知有着不可忽视的影响，人们在认知过程中，突出其中的一个就可能忽视另一个。——译注

我们是否真的知道什么事情，后结构主义/后现代主义的批评假定有一种永久的不确定性。这一论点错综复杂，过于棘手，我们无法在这里加以探讨；[1]然而，后结构主义/后现代主义观点的关键在于语言在人类意识中所扮演的角色，以及在于这一事实，即既然我们仅仅通过语言的使用才能“理解”(see)，以及既然语言本身既是我们周围世界的构成物(a fabrication)，也是它的虚假摹本(a “false copy”)，关于我们真的理解了什么，以及我们真的知道些什么，语言的使用就使我们处于一种永远的不确定状态当中。此外，既然我们所有关于个人主体的观念都包含在一些宏大的叙事方案里，而这些方案只不过是更精巧的不确定的构成物，那么我们关于个人所说的一切，就都无法在表面意义上来接受。[2]

拒绝在表面意义上接受任何叙事，也许代表着在本书所采用的方法和我们这里一直称作转换生成学派的后结构主义/后现代主义派别所采用的方法之间的不可调和性当中的最重要的一点。本书采用的方法不仅没有质疑叙事的价值，它本身在很大程度上也采取了叙事的形式。形成这种反差的原因在这里只能粗略描述，但是它们在根子上同样是语言问题。

---

〔1〕 就这里粗略探讨的这些主要原理而言，一个未必公允但是相对可读的导论是 Madan Sarup, *An Introductory Guide to Post-Structuralism and Post-Modernism*(Athens: University of Georgia Press, 1989)。关于米歇尔·福柯的著作，最好也最完备的论述也许是 Hubert L. Dreyfus and Paul Rabinow, *Michel Foucault: Beyond Structuralism and Hermeneutics*, 2d ed. (Chicago: University of Chicago Press, 1983)，该书由于这一事实而稍显不足，即其作者是福柯的仰慕者，因而有时被福柯本人广为人知的晦涩迷住了。

〔2〕 也许可以说，像雅克·拉康这样一个人，确实是在试图安置一个足够牢固的支点，以便能撬动一根可靠的解释的杠杆；然而拉康蓄意地如此晦涩，以至于我们非常容易赞同查尔斯·汉普顿·特纳(Charles Hampden-Turner)的观点，即拉康大部分的公开陈述“似乎是故意不让民众知晓，而是要在拉康式的占卜之下把他们诱骗到一种冗长的个人探险当中去”(*Maps of the Mind*[New York: Macmillan, 1981], p. 156)。

在回应后结构主义者/后现代主义者的坚决主张，即语言除了
代表自身之外不代表任何事物时，沃尔特·昂(Walter Ong)曾说
过，“很难由此得出结论说，因为A不是B，它就什么也不是。”[1]语
言及其更复杂的形式，叙事，确实是我们“感知”世界的媒介，而不
是我们对于所“感知”世界的精确陈述。但是，就像昂指出的那样，
“结构主义者们……实际上——以及**不可避免地**——是以表象主 6
义的方式(representationally)[2]来使用语言。”[3]因为，无论语言
和叙事自身可能带有哪些局限性，它们仍然是一切讨论得以发生
的唯一媒介：如果它们在根本上是不可靠的，那么经由它们所得出
的**一切**论点也必然是不可靠的。[4] 由于后结构主义/后现代主义

---

[1] Walter Ong, *Orality and Literacy*(New York: Methuen, 1982), p. 167.

[2] 表象主义是认为头脑只有通过概念或思想才能理解客观事物的一种理论。——译注

[3] 我们可以比昂走得更远，并主张说，在像文学批评(literary criticism)这样一些领域里，结构主义已经创造出了一个以术语的严格性为基础的封闭体系，这种严格性所表明的并不是语言的诸多局限性，而是语言在结构主义的世界观范围里使用时的诸多局限性，参见，比方说，艾莉森·卢里(Alison Lurie)清醒的批评文章“A Dictionary for Deconstructors”，载 *The State of the Language*, 2d ed., ed. L. Michaels and C. Ricks, (Berkeley: University of California Press, 1990)。

[4] 尽管 Derek Bickerton 的 *Language and Species*(Chicago: University of Chicago Press, 1990)朝着正确的方向迈出了令人信服的一步，我仍然不得不注意到这样一个讨论，这一讨论在回应后结构主义/后现代主义批评时暗示，尽管语言并不是我们据以感知现实的一扇明窗，在最真实的达尔文主义的意义上，它却是具有高度选择淘汰性的自然世界的一个产物：因为语言是人类意识的一个构造物(a construct)，它因此永远陷在和物质宇宙的其他部分不相关联的某种多维空间里，而这么认为将有可能滑入一种在最好的情况下也会带有偏见的、反常的摩尼教式的观点(reverse Manichaean view)当中。康德关于绝对律令(the categorical imperative)的主张(参见下文，第六章)，看起来也许并不一定更好，但是像神经心理学家卡尔·普利布拉姆(Karl Pribram)和物理学家戴维·博姆(David Bohm)等人的近作(这一作品涉及可能构成了思想和物质之基础的全息结构[holographic structure])，却暗示康德也许并

者的批评，我们最终会陷于一些面对面摆放的镜子之间，在镜子里，我们的形象在任何一个方向上都会模糊成无限远，而解释则会成为一种徒然无益的操练。就像昂所说的，尽管这种操练“即使在它并不特别有教益的一些时候，也会源源不断地产生令人愉快的刺激”，[1]但是它却并不一定是生产性的。

本研究所采用的方法，并没有假定语言是表象性的(representative)或者非中介性质的(unmediating)。不过，它确实认为，语言和叙事既能自我修正也能自我转换，而且与所有作家熟悉的一些局限性共存的这些特点，赋予了它们所具有的那种力量，无论它们是被批评家使用还是编年史家使用。[2]科学从托勒密(Ptolemy)到哥白尼(Copernicus)再到爱因斯坦(Einstein)的发展，实际上是语言以这些方式为我们提供了一种批评人类感知之局限性的手段的完美例子，尽管语言似乎在任何时候都会使我们陷入其表达所具有的各种局限性当中。特别是书面语，为我们提供了一种媒介，这种媒介不仅允许批评而且鼓励批评。[3]简言之，语言和叙事，特别是读写(literate)形式的语言和叙事，并不只是我们随身携带的

(续上页注)非一直都是完全不切题的。参见 the special edition of Revision 1, no. 1, 1978，以及 Pribram, *Languages of the Brain*(Monterey, Calif.: Brooks-Cole, 1977)和 Bohm 的“Quantum Theory as an Indication of a New Order in Physics: Implicate and Explicate Order in Physical Law”, *Foundations of Physics*, no. 3 (1973): 139-168。

〔1〕 Ong, *Orality and Literacy*, p. 170.

〔2〕 这里，萨克斯(Sacks)关于临床“实验对象”的描述又一次是切题的：“为了恢复人类主体——遭受病患、经受痛苦、充满斗志的人类主体(the suffering, afflicted, fighting, human subject)——的中心地位，我们必须深化关于叙事或者故事的病例史(a case history to a narrative or a tale)；只有在那个时候，我们才能像有一个‘什么’(a“what”)一样有了一个‘谁’(a“who”)，一个真正的人，一个病人，和疾病有关联的。”(*Man Who Mistook His Wife*, p. viii)。

〔3〕 关于书面语这一特点的重要性，一个非常好的讨论是 J. Goody 和 I. Watt 的“Consequences of Literacy”，载 Goody, *Literacy in Traditional Societies* (Cambridge: Cambridge University Press, 1968)。

物品，而是我们借以获知的手段。因此这里的探讨，至少从某些人的标准来说，是满含着叙事的。然而，它并不是转换生成学派的成员批评的那种必胜信念式的叙事（the triumphalist narrative），而是一种关于“兴衰”的叙事，这一叙事由这样一种信念所构成，即它也同样能作为一种获知个人自我意识和历史自我意识的手段。

个人意义与历史意义的问题把我们带到了转换生成学派的马克思主义一翼，这一翼对个人主体概念提供了一种更朴素的批评，该批评所依靠的是一些更加世俗的关切，而较少依靠由那些发现语言是无望的认识论陷阱的人所描绘的认知方面的疑惑。对于像弗雷德里克·詹姆逊（Frederick Jameson）这样的马克思主义者来说，语言确实是一个陷阱，但是却并不是一个无法回避的陷阱。因为在那些关于人类主体的传统方法的许多使人误解的叙事之下有一层基底（a floor）：压迫的事实。马克思主义的批评认为，在雅各布·布克哈特（Jacob Burckhardt）《文艺复兴时期的文化》（*Civilization of the Renaissance*）[1]这些著作里所包含的关于个人兴起这样宏大的人文主义叙事是一种虚构，这很大程度上并不是因为个人兴起的真正性质，按照福柯的看法，是它表面看起来的那种事 7
物的反面，而是因为该叙事是建立在一些资产阶级的假定之上，并且围绕着这些假定展开的，而这些假定却无法经受直接的事实挑战。

回过头来仔细听听马克思的意见，他认为资产阶级意识形态从来没有分析过它自己的一些前提，这一批评认为个人兴起这样宏大的人文主义叙事，是建立在各种站不住脚的前提之上的，其中相当重要的则是这一假定，即相对（以及越来越）微小的一部分人口的智识和社会演化——即西方传统——代表了历史上人类智识发展的全部。这一论点认为，这样一种狭隘的关注在样本选取上的不充分性，最起码对其叙述的正当性（the validity）提出了挑战，

---

[1] 中译参见[瑞士]雅各布·布克哈特：《意大利文艺复兴时期的文化》，何新译，商务印书馆，1979年。——译注

特别是既然西方传统在很大程度上是建立在拥有特权的少数人对多数人的剥削基础之上的。这一剥削最初是在其自身领域("西方")之内,并最终在全球范围内展开。根据这种重新评价,我们可以看到,人们赋予西方传统产物的这种特权地位,是一种"冰山一角"现象:西方人文主义传统只是作为一个更加宏大的叙事方案的一个极其微小的特征被揭示出来,这一更加宏大的叙事方案一直都被不公平地以黑格尔式的方式完全颠倒了。一种新的、转换生成式的批评需要使用人类压迫的事实——以及消除压迫的需要——作为对所有叙事方案提出新的评价的基础,在这一批评中,个人主体概念被赋予了微乎其微的重要性,因为它源于一些资产阶级的假定,而这些假定对于人类历史上的大多数人却完全不适用。[1]

这个批评是强有力的,这并不是因为它是以马克思主义的意识形态术语来措辞的,而是因为它提出了一个重要并且困难的问题:一个较小群体的智识和社会史能够用来代表整个人类史的主要成就吗(特别是当这些成就是建立在一个不平等的和压迫性的体制基础之上时)?[2] 简单的回答是不。不过,还是让我们回到昂对后结构主义/后现代主义关于语言批评的描述吧,即:即使 A 不是 B,也并不一定说明 A 就什么也不是。

首先,把具有代表性的规模作为正当性的一个先决条件是过

---

〔1〕 根据詹姆逊的观点,"个人意识"实际上是人类集体性碎片化(the fragmentation of human communality)(马克思称之为异化[alienation])产物,而人类集体性的碎片化是作为剥削性物质关系的结果出现的。参见 Jameson, *Political Unconscious: Narrative as a Socially Symbolic Act*(Ithaca: Cornell University Press, 1981)。(中译参见[美]弗雷德里克·詹姆逊:《政治无意识:作为社会象征行为的叙事》,王逢振、陈永国译,中国社会科学出版社,1999 年。——译注)

〔2〕 这个问题构成了美国大学里近来关于"西方文明"课程的论战的基础。关于这一论战的哲学基础,有一个引人注目的讨论,参见 John Searle, "Battle over the University", *New York Review of Books* 37, no. 19, (December 6, 1990)。

于简化了。就西方语境本身以及根据全球历史来看,西方传统源
于一群相对优秀的特权精英这个事实,并没有因此排除它具有影 8
响或者具有真实价值(truth value)的可能性。确实,在一部小群体的历史上有无数例子,就像古希伯来人或者创作了《奥义书》(*Upanishads*)[1]的林中苦修者,他们对历史具有一种与其规模完全不相称的影响。人类社会中很多哲学家、艺术家和其他一些“真理揭示者”(truth-tellers)产生于社会、经济、政治或者宗教的特权地位,是因为他们的特权使他们拥有反思和表达的机会,而这些机会是那些不享有特权的人所缺乏的,这同样已经是老生常谈。[2] 马克思本人,正是这些人中的一员,特别是如果从他那个时代就已经开始出现的全球背景来看的话。把西方的个人主体概念贬低为在很大程度上是资产阶级的一种虚构,同把关于西方个人兴起的宏大人文主义叙事作为人类经验的至高点一样是成问题的。因此就需要某种事物,这种事物既能捕捉到西方个人主义观的重要性,又能抓住它的局限性。既然这里包含的讨论代表了把这二者结合起来的一种尝试,它所据以建立的一些前提就值得好好说道一番。

我们看来不会在这样一种观念上止步不前,也就是说,一些特定的社会,特别是古代社会,能够发展出一些技术,这些技术不仅能使它们超越同时代的其他社会,而且也使它们能够拥有一种有时会具有支配性的巨大影响。在大多数情形下——比方说,古代安纳托利亚地区[3]炼铁技术的发展——为了统治而运用这些技

---

〔1〕《奥义书》是用散文或者韵文阐发印度教最古老的吠陀(吠陀是印度最古老的宗教文献和文学作品的总称)文献的思辩著作,在很大程度上成为了后世印度哲学的基础。——译注

〔2〕这并不是说,有了恰当的环境,在中世纪的简陋小屋和第三世界的贫民窟里,就可能会产生出无数萨福(Sapphos)、叔本华(Schopenhauers)、居里夫妇(Curies)和科普兰(Coplands),而这些人本该会对人类知识和经验的总和做出卓越的贡献。只要强调一下命运在赋予一个天才以发言权的过程中所发挥的作用,以及消除天才之表达障碍的重要性就够了(而我们无论在哪里都是可以自由表达的)。

〔3〕土耳其的亚洲部分,一般认为等同于小亚细亚。——译注

术,并不会使我们质疑它们作为改善人类生存状况的工具的正当性。然而,在以同样方式处理意识形态和哲学的发展时,我们似乎就不那么轻松了,即使我们可以说,意识形态和哲学都是**技术**——实现目的的手段——这些技术都有它们的正当性(就它们反映了对事物性质的准确理解而言),它们的影响(就它们被其他人采用而言),和它们的局限性(就它们必定会被更完备的策略所补充——甚或替代而言)。

本书正是以这样一种观点为基础的,即个人主义是为了回应一种普遍的需要而发展起来的技术;随着规模扩大,当一些早期文明已经证明自己过于僵化而无法保持一致性的时候,这种普遍的需要就出现了。[1] 取代那些等级、精英式的呆板社会结构(当这些人种走出其游牧的、部落的阶段时,这些结构证明是一些非常有用的技术),人们逐渐采用了一种自我激发、自我指向(self-directing)
9 的策略,这一策略把一件强大的工具交给人类自由处理,这件工具就是个人的主动性(personal initiative)。[2] 历经两三千年的时期,这一工具使得这些人种不仅能开发自己的才干,而且也能开发它们可以利用的自然资源,这种开发已经发展到了这样一种程度,以至于人类今天有能力在与它所处环境的均衡(equilibrium)当中

---

〔1〕 现代的研究科学也许已经错误地使我们认为,在技术的发展过程中存在着一种高度的目的性(intentionality)。实际上,我们可以把技术看成是韦斯顿·拉·巴雷(Weston La Barre)所谓"适应性辐射"(adaptive radiation)——演化的一种基本特征——的一个扩展,这一扩展常常包含了直觉和偶然的运气,就像它含有目的性一样,参见他的著作 *Human Animal* (Chicago: University of Chicago Press, 1972)。个人主义既不是像白炽灯那样是被"发明出来的",也不是像流水线那样通过系统的设计而被采用的,这并未贬损这样一个事实,即它是作为解决问题的手段而出现的。关于大型社会实体之难以控制的问题,参见简·雅各布斯(Jane Jacobs)在 *The Question of Separatism* (New York: Random House, 1980)中,关于"规模经济"(economics of scale)的评论。

〔2〕 initiative 是一个含义丰富的词,也可以译为"能动性"、"积极性"、"首创精神"等。——译注

来养活和维持自己，而在几千年前的游牧时期，它一度是以一种更松散、更偶然、也更本能的方式来实现这一点的。

然而，即使所有新的技术革新都确实如此，这种技术的采用和发展却有其成本。其中主要是由于这一事实，即它无疑部分是通过机遇，部分是通过在我们今天称作欧洲的地区（而不是世界其他地区）和它们展示自身的环境幸运地结合在一起，才得以盛行起来的。因此，它所具有的一些优势——比方说环境资源的高速开发（个人主义的主要传播工具，企业家资本主义，使这种高速开发成为了可能）——在个人主义并不盛行的一些地区就被弱化了，而那些相同的地区最终落入了这种——暂时——拥有更高效技术的文明的支配之下。

此外，个人主义，像一切技术一样，也有自己的局限性，相当重要的是这一点，即由于它大量利用了人类经验的一个特点——个人的主体性，它便忽视了其他一些特点，而这些特点本来会为它提供关于人类经验的一种更加平衡的观点。今天，我们常常以危机的方式面临这些局限性（参见下面的第 7 章和第 8 章）；很可能有一天，也许甚至很快，我们就会开始带着我们现在遇到古埃及神-王（the god-king）观念时所感到的那种同样的困惑，来看待个人主义的这种“革新”。然而，要把个人主义观或者神权统治观拒斥为资产阶级的或者其他什么的“虚构之物”，就是无视人类经验的另一个本质特点：人类依靠自己的神话为生。

我们现在总是小心翼翼地论述涉及君主权威或者不朽性的一切主张，这并没有改变这一事实：这些概念代表了确实（literally）采用这些概念的文明所具有的强大生存能力，而且这些概念以某种方式促进了这些人种整体上的进一步发展：认为法老拥有显赫来生的信念，使我们所有人都可能拥有显赫来生的信念成为了可能，
而后者在很大程度上增进了我们的人类生活的尊严感。就个人主 10
义而言，其成果没有均等地传遍各个人种这一事实，并没有抹煞它的价值：它只是表明了与之相伴的那些缺点，当它——正如一直以来的情形那样——被人们作为一种自足的世界观采用之时。

在某种意义上，我们可以说是依靠一种远远比本书最后章节里提出的走出个人主义还要重要的历史支点而存在着，这一事实本身就是一个足够重大的事件。因为个人主义已经在很大程度上适时地促成了我们在现代世界里看到的不均衡，这远远没有我们认识到它的局限这一事实重要。我们能够认识到西方文明的一个主要神话有许多缺陷，这也许表明，我们已经形成了仔细审视我们的神话并评价它们在什么地方丰富了人类生活的品质、在什么地方又耗尽了人类生活品质的能力。如果这确系事实，那么仅仅采用只不过是另一种神话的立场，来反驳一种神话立场先前所具有的缺陷就是一个错误，而在这一点上，也让我们最强烈地反对把“个人主体”当做仅仅是一种资产阶级的虚构而加以拒斥。

因为如果我们试图通过把个人主义严格描绘成一种用以证明少数镇压多数为正当的自我存续的理性化行为(a self-perpetuating rationalization)来反对个人主义的缺陷的话，我们就忽视了这一事实，即它在很大程度上增加了我们作为一个物种可资利用的诸多可能性，并且以真正辩证的方法，在培育——比方说对人类尊严日益增加的尊敬和人权——这样一些事物时，撒播下了它自身毁灭的种子。[1] 换言之，如果我们以一种片面的方法来描绘个人主义的话，我们实际上不过是采用了关于有限代表价值(limited representational value)的另一个神话，而且恰恰是在我们有机会从我们据以为生的神话提供给我们的力量当中做出“挑选和抉择”的

---

〔1〕 10年前，当我就美国个人主义的局限向一个由非美国人组成的班级发表评论时，一个来自发展中国家的学生提醒我注意这一点，即尽管像个体优越性(individual prerogative)这些概念可能已经变成了西方生活难以承受的一些特征，但是它们却提供了一定程度的自信，正是这种自信使得个人能够对作为整体的社会做出贡献，而这个来自发展中国家的学生发现，在自己的文化里，这是极为匮乏的东西。他的评论可以支持我在这个导论里说的很多内容。

时候。[1]

因此，如果我们要想真正促进人类的知识财富，以及真正促进我们评价那些我们以之为生的神话的能力的话，或者换句话说，如果我们要开发我们根据我们所**知**而非我们所**信**来清晰理解的天赋的话，“揭露”我们的神话的本质，就不如形成一种关于这些神话的平衡观点重要。[2] 要摒弃“纯粹”(mere)范畴(纯粹资产阶级的虚构或者纯粹认识论的伪造)意义上的主观个人概念，或者该概念所源出的个人主义遗产，就意味着要接纳另一个神话作为批评这个神话的手段，而另一个神话的缺陷在很长的时间里却恰恰是被相同的信奉者的热忱掩盖住了。 11

读者也许因此会发现，他们至少首先被这一事实弄糊涂了，即这里所提供的叙事性说明(the narrative account)，似乎不时地表达了一种对心灵之习性(a habit of mind)的狂热、甚至是鼓动，它后来却批评这种心灵的习性是不充分的和过时的。能够提供的唯一解释是，个人主义的兴起确实是一幅令人激动的景象，它已经向人类展开的那些机会是光彩夺目的，因此探寻个人主义的谱系就

---

〔1〕 这句话原文是：…perhaps at precisely the moment when the ability to select and modify, rather than adopt, the myths by which we live has finally been afforded to us，较难理解和翻译，作者解释说就是…we do so just when we have the opportunity to “pick and choose” from the strengths our various myths may offer us 的意思，兹按作者的解释译出。——译注

〔2〕 某些“揭露式”批评所具有的强烈对抗性常常意味着，它们仍然痛苦地背负着失望的情感意义(the emotional import of disappointment)，当人们发现，被揭露的信念无法达到信徒的预期时，这种情感意义就会出现。卡尔·贝克尔(Carl Becker)半个世纪以前在 *The Heavenly City of the Eighteenth Century Philosophers* (New Haven: Yale University Press, 1970)一书中注意到了信仰在智识结构中的重要性，关于信念在当代智识分析(contemporary intellectual analysis)中的性质，他的评论仍然使我们受益匪浅。(中译参见[美]卡尔·贝克尔：《18 世纪哲学家的天城》，何兆武译，北京三联书店，2001 年。——译注)

是一个令人鼓舞的过程。[1] 如果它确实有助于为我们提供一些手段，通过这些手段我们能够批评甚至放弃它，那么探寻它的衰落——如果不是狂热地，而是以确定的严格精神和完全应有的自信——就并不是前后矛盾的。因为我们在分析个人主义的局限性时所具有的那种冷静，正是我们一直从它已经提供给我们的那些
12 机遇中获益良多的手段。

---

〔1〕 就此而言，福柯这些人对“谱系”这个词的特殊用法，可能会再次使它在这里的用法变得模糊不清，然而，对于本书所探寻的内容（也就是随着时光流逝、作为个人主义而为人们所知的信仰体系的“起源”）来说，似乎没有比这更好的词了。

第一章　个人主义的重新界定

人们一直以各种不同的方式使用“个人主义”这一术语，而且它们中的任何一种用法都并不一定与其他用法一致，对此，任何熟悉这一主题的人都不应感到惊讶。通常的用法——至少在美国——往往是把“个人主义”当做一个有着积极含义的术语。实际上，它的含义是如此积极，以至于我们能够轻易地在普通人关于那些能够使我们变得伟大的事物的名单里发现它。确实，那个伟大的普通人，拉尔夫·沃尔多·爱默生(Ralph Waldo Emerson)1844年评论道，“在真实的个人主义中，联合必定是完美的”(the Union must be ideal in actual individualism)。[1] 然而，当《社会科学百科全书》(*the Encyclopaedia of the Social Sciences*)开始对这个术语进行探讨时，却称之为一种“思想方法，这种思想方法是在特定种类的社会里自然产生的”，它接着说，“人们非常容易使用消极的术

---

〔1〕 转引自 Steven Lukes, *Individualism* (New York: Harper & Row, 1973), p. 29.(中译参见[英]史蒂文·卢克斯:《个人主义》，阎克文译，江苏人民出版社，2001年，第26页。该书另有朱红文、孔德龙译本《个人主义:分析与批判》，中国广播电视出版社，1993年；以及李光远译本《西方人看个人主义》，红旗出版社，2002年；中译参照仅以阎克文译本为准，其他译本不一一注明。——译注)

语来描述这个社会”。[1]

实际上，“个人主义”这个术语打开了一个意义的迷宫，这个迷宫远远超越了纯粹的积极含义与消极含义的分歧。科林·莫里斯(Colin Morris)在其《个人的发现：*1050-1200*》(*Discovery of the Individual*：*1050-1200*)一书的导言里展现了一些含糊的(shadowy)段落，当我们试图探寻个人主义的含义时，这些段落是引人注目的。他写道：

> 个人主义的核心在于我们最初的心理体验：在我的存在与他人的存在之间的一种明显的差别感。这种体验的重要性由于我们对人类自身价值的信仰而大大增加了。人文主义(humanism)[2]也许并不是和个人主义等同的事物……但是他们至少是第一代的堂表兄弟姐妹(first cousins)，因为对于
> 13 人类尊严的尊重，天然伴随着对人类个体的尊重。[3]

---

[1] A. D. Lindsay, “Individualism”, 载 *Encyclopaedia of the Social Sciences*(New York: Macmillan, 1930-1933), 7: 674. 尽管林赛未必是在轻蔑的意义上使用“消极”这个词，然而，对于那些培育了个人主义的社会而言，发现“积极”措辞的困难，也凸现了这个术语的含混性，以及人们常常冷淡对待它的一些理由。

[2] humanism 一词在中文世界中的翻译较为混乱，常常被译成“人道主义”、“人文主义”和“人本主义”。但是，“人道主义”、“人文主义”和“人本主义”的区别是明显的：“人道主义”主要指对不同的人一视同仁的同情和怜悯，尤其是指对不幸和灾难中的人的仁慈和救助，相当于英文的 humanitarianism；“人文主义”广义指强调人的地位与价值、关注人的精神与道德、重视人的权利与自由、追求人的旨趣与理想的一般主张，狭义指欧洲文艺复兴以来的类似主张和思潮，相当于英文的 humanism；“人本主义”则指哲学理论中以人为宇宙万物之中心或本位的学说，与“神本主义”(theocentrism)、唯物主义(materialism)相对，相当于英文的 anthropocentrism(这里借用了何光沪先生《基督宗教与人文主义：从误解走向对话》一文中的观点，谨致谢意)。——译注

[3] Colin Morris, *The Discovery of the Individual*: *1050-1200*(New York: Harper & Row, 1972), p. 3.

莫里斯关于各种存在之间的“明显的差别感”很容易被人接受；实际上，他把这种感受确认为个人主义的基础可能完全是正确的。但是，就像我们将会看到的，存在的差别感也能带来很多其他事物，并不是所有这些事物都一定是人文主义的；它可能同样容易导致机会主义（opportunism），以及如果更差，它没有被一种“对人类自身价值的信仰”所缓和的话——就仅仅是从托克维尔（de Tocqueville）到《社会科学百科全书》关于个人主义的消极评价所赖以建立的基点。并没有什么保证说，起缓和作用的“人类价值”将会伴随着这种差别感。我们可能乐意认为，个人主义是人文主义的一种形式，但是对此却并没有完全一致的看法。

莫里斯很明智，他没有就个人主义、我们对人类自身价值的信仰、或者他后来归之于康德以及其他人的“断言个体之至上价值”的倾向之间所存在的关系的性质做出任何笼统的断言。[1] 当然，我们在莫里斯的描述中所瞥见的每一个出入口，都确实属于一个意义的网络，正是这个意义的网络构成了“个人主义”，但是他并没有试图提供一张关于这个迷宫的地图。他也许并不想这样做，因为这样可以使他免于掉进一个从单一、有限的视角来论述这一复杂迷宫的陷阱里。

尽管指责他们是简化论甚或指责他们未能意识到其主题的复杂性是不公平的。关于个人主义的一些讨论还是在着手绘制一张关于其意义迷宫的地图（既包括内涵方面也包括外延方面），虽然这些讨论会有一定的解释深度，但是却常常给人留下一种感觉，即它们一直忽略了某些实质性的东西。在很大程度上，这些讨论往往都是从社会科学的角度来展开的，它们似乎一直把“个人主义”这一术语用在一种高度政治化的语境里——这是一种让人遗憾的状况，因为就像莫里斯指出的，这一术语具有在整个人文主义研究的广泛领域里不断回响的一些涵义。

路易·迪蒙的《个人主义论集：人类学视野中的现代意识形

〔1〕 Ibid.

态》(*Essays on Individualism: Modern Ideology in Anthropological Perspective*)正是这样一本书,这本文集对个人主义在现代西方生活的诸多激发性原则当中是如何取得其地位的这一问题,提供了一些有价值的历史洞见。但是迪蒙的讨论中至少三分之二的内容是从政治角度来处理个人主义的,就像《社会科学百科全书》里的讨论那样。迪蒙的讨论围绕着一个本质上是政治领域的问题
14 展开,这个问题即个人主义是否能够同自由民主制中的现代社会责任观念相容。迪蒙得出结论:个人主义是西方文明在文化上独有的特点,它并不一定具有普遍的适用性。他的结论是既有根据又有价值的。然而,他的分析不自觉地暴露出(betrays)一种对社会制度(这些社会制度源于西方个人主义的遗产)的压倒性的关注,这只能给我们留下一种不舒服的感觉,即个人已经从这一讨论中消失了。

史蒂文·卢克斯的《个人主义》,不像迪蒙的著作那么有雄心,但是却更为完备,它试图以一种特别的方式来回应马克斯·韦伯(Max Webber)的评论,即"目前[对于'个人主义'这个术语]作一个全面的、历史取向的概念分析,将会具有极高的学术价值"。卢克斯对"个人主义"这个术语的语言衍变提供了一些探讨,并试图分析他所谓的"个人主义的基本观念"。人的尊严、自主、隐私和自我发展,就属于这些基本观念。[1] 但是他的分析在很大程度上同样是政治性的。在"诸观念间的关系"这一章的开篇语里,他写道:"上面所挑选的个人主义的前 4 个单元观念(unitideas)——对人类尊严的尊重、自主、隐私和自我发展——是平等和自由诸观念的基本要素;更明确地说,……人的尊严或者对人的尊重这一观念是平等思想的核心,而自主、隐私和自我发展则代表了自由(liberty)或

[1] 值得一提的是,李光远指出,隐私(privacy)译为"自处"更为妥当,因为按照卢克斯的解释,它是指个人在一定领域内的活动(如思想、情感、爱好、追求等)只要不损害别人,可不受公众或者社会的干预,而任凭自己随心所欲去想去做。参见李光远译《西方人看个人主义》,目录第 1 页注。——译注

者自主(freedom)的三个方面。”[1]当然,我们可以认为,卢克斯的4个“单元观念”是平等和自由的“基本要素”。然而,我们必须再次质疑,这样完整的一幅画面怎样才能被描绘出来,如果我们把个人主义的诸次级单元(the subunits)归入那些在中世纪可能甚至还不存在的政治范畴之下,而当时,就像莫里斯所证明的那样,个人主义的趋势却已经出现了的话。在就个人主义的诸次级单元如今存在于何处做出最终的结论之前,对个人主义是如何成为是其所是(what it is)的作一番更详尽的探究,而且不只是在卢克斯和迪蒙所采取的政治语境里,看来是合宜的。[2]

这些研究之所以采取了一种政治的倾向,其原因并不难发现:卢克斯和迪蒙至少部分程度上是在对卡尔·贝克尔(Carl Becker)也许会称之为个人主义正在变化的风气做出回应。更确切地说,他们俩都是在回应败坏个人主义名声的一些现代企图。卢克斯特别叙述了从不同角度表达的对个人主义日益增长的敌意,从埃德蒙·柏克(Edmund Burke)到阿历克西·德·托克维尔(Alexis de
Tocqueville)和约翰·斯图亚特·密尔(John Stuart Mill),而且他 15
试图——并且取得了有限的成功——证明,“个人主义的诸核心价值”是可以得到维护的。然而,在他们决定从一种纯粹的政治视角来展开分析的时候,这两个作者都把他们论述莫里斯所谓“处于个

[1] Lukes, *Individualism*, pp. 43-44, vii-viii, 125.(中译参见[英]史蒂文·卢克斯:《个人主义》,第41-42、目录页、115页。)

[2] 马克斯·韦伯关于个人主义的“历史取向的概念分析”的价值评论本身,被认为是对宗教、特别是清教神学探讨的一个旁白(参见 Max Weber, *The Protestant Ethic and the Spirit of Capitalism* [New York: Scribner's, 1958], p. 105 n. 22.)(中译参见[德]韦伯:《新教伦理与资本主义精神》,于晓、陈维纲等译,三联书店,1992年,第186页;该书另有康乐、简惠美译本,广西师范大学出版社,2007年。中译参照仅以于晓、陈维纲译本为准。——译注)但是卢克斯仅仅包含了一个他所称谓的“宗教个人主义”的简单讨论,而且他的评论也没有提供任何东西来表明——就像莫里斯和迪蒙认为的那样——宗教在个人主义的演化过程中可能发挥了根本的作用。

人主义核心”的“心理体验”的程度最小化了；他们都只是漫不经心地提到了笛卡尔(Descartes)或者弗洛伊德(Freud)。结果，他们探讨的视野都非常有限。

戴维·里斯曼的一篇论文阐明了不断变化的态度在某种程度上使得对于个人主义的客观分析变得困难重重，他同时表明了采用政治视角的那些分析为什么是不充分的。作为对个人主义在西方自由民主传统中所具有的持续价值的一个不妥协的主张，“重新审视个人主义”(Individualism Reconsidered)一文针对里斯曼认为是“群体主义”(groupism)侵犯的事物来为个人主义辩护，“群体主义”的侵犯是一种趋势，这种趋势高估了人类的社会性，以至于无视甚或压制了人性的个人层面。作为一个对信念的公开的社会政治声明，里斯曼的论文是围绕着一个单一而根本的假设建构起来的；对里斯曼来说，这一假定构成了个人主义偏好的至高点(the ne plus ultra of the individualistic bias)；他写道，“我坚持认为，任何意识形态，无论多么高贵，都不能证明为了群体的需要而牺牲个人是正当的”。[1] 用浅显的话来说，这就是莫里斯关于一个存在和另一个存在之间“明显差别”的“心理体验”——和他的“人类自身的价值”结合在一起——在现代政治分析(这些分析是对个人主义的辩护或者攻击)中的栖身之所：个人之间的区别，与每个人应当置于他人身上的价值一道，导致了对一个建立在互不侵犯原则基础之上的原子化社会的肯定。

这里，我们仍然没有必要对里斯曼的论点提出反对意见，以便能够看清，它根本没有深化我们关于个人主义及其谱系或者它在当代世界里正在发生变化的地位的理解。当我们把个人主义看做不过是由一种被置于人类生活之上并且为所有人赞同的存在主义价值所支配的、仁慈的“不插手”(hands off)政策时，我们就是在回

---

〔1〕 David Riesman, *Selected Essays from Individualism Reconsidered* (New York: Anchor, 1954), p. 27.(里斯曼的《重新审视个人主义》是一本论文集，“重新审视个人主义”是这本文集里的第二篇文章。——译注)

避一个问题，即人类是因为什么而具有价值的，并且我们同样忽视了，就个人的性质而言，个人的集合（the coming together of individuals）（它并不是“群体主义”[groupism]）可能告诉我们的东西。

即使我们同意里斯曼对个人自身不可侵犯性的断言，我们也并不会就此获得满足。也许没有哪个人**应当**（*should*）为了以意识形态为基础的群体需要而被牺牲掉。但是那些宁愿牺牲自己的人又是怎么回事呢？他们受了蛊惑，他们精神分裂，他们超凡脱 16
俗——又或者根本就不是这些原因？但如果是这些原因中的任何一个的话，关于我们置于“人类自身”之上的价值，他们的牺牲又告诉了我们什么呢？那些牺牲自己的人是不是已经超越了个人主义？如果是的话，他们只是一个大家都同样自私的种族里的统计学上的偶发事件，还是说他们指出了我们任何人在正确的环境里都可能渴望的、通往一些新高度的道路呢？

显然，这些难题使我们不得不回过头来分析我们关于人性的很多基本假定。但是同样显而易见的是，任何关于个人主义的讨论都必须愿意致力于这些问题才行，而大多数关于个人主义的政治分析却根本没有致力于这些问题。这并不是说，关于个人主义，政治哲学已经没有什么可以告诉我们了：它只是不大可能为我们提供一幅关于那些非常引人注目的问题的最清晰的图景，而这些引人注目的问题却不可避免地构成了这一讨论的基础。如果我们要保持我们的人文主义遗产，个人就必须占据一个不可侵犯的位置，这一声明或者断言也许充满了智识上的勇气（尽管就像里斯曼本人承认的那样，对于有些人来说，它意味着个人的自私自利和不负责任）。但是该断言并没有使我们深入到这样一些问题的内部，即个人主义今天对于我们意味着什么、它如何发挥这种作用或者它在未来可能扮演何种角色，既然我们是心理与道德的存在，一如我们是政治的存在。

由于他是为了回应个人主义是否仍然能够被人们看做是一项美德而写作的，里斯曼确实至少把我们的关注点限定在了关于个人主义的变动的风气上。因为体现在这一变化里的那些疑问，以及里斯曼认为我们在回答这些疑问时必须具备的说服力，都是今天个人主义所具有的那种令人怀疑的性质的进一步的证据。显然，所有关于个人主义的讨论的一个基本假定，必然是它激起了那些深刻的矛盾心理感受。但是这一事实几乎没有为我们提供任何我们据以立足的东西，因为它只不过是使我们接受了一个事实，即我们所占据的是一个并不稳固的基础。而且它也没有以一种将允许我们致力于涉及个人主义性质的一些更深刻的问题的方法来界定个人主义。我们将转向何处呢？

面对着人们对社会制度（就像迪蒙的作品）和政治哲学（就像卢克斯的作品）的压倒性关注，转向个人视角本身，通过造成了所有这些混乱的生物之眼来审视并获知从该角度来看的个人主义的性质（无论是正在变化的还是其他什么样的），看来是有意义的。
17 然而不幸的是，几乎没有从该角度展开的评论。通过他关于各个存在之间明显差别的“心理体验”的评论，莫里斯引进了这一视角，但是他却没有推进它。迪蒙探讨了由基督教促成的在“出世的和入世的”关注之间的区别，但是他很快就把这种区别归入特别强调“政治范畴”的、私人自我和社会责任之间的辩证法当中。[1] 卢克斯探讨了像“伦理”个人主义和“认识论”个人主义这样一些事情，但是只是在它们与平等和自由这些社会概念相冲突或者巩固了这些概念的意义上，才认为它们是重要的。[2]

然而，有一个关于个人主义的分析，确实就个人主义对他或者她这些个体而言意味着什么给我们提供了某种洞见。伊恩·瓦特

---

〔1〕 Louis Dumont, *Essays on Individualism: Modern Ideology in Anthropological Perspective* (Chicago: University of Chicago Press, 1986), pp. 23-59.（中译参见[法]路易·迪蒙：《论个体主义：对现代意识形态的人类学观点》，谷方译，上海人民出版社，2003年，第21-58页；该书另有台湾译本：[法]路易·杜蒙：《个人主义论集》，黄柏棋译，台湾联经出版事业股份有限公司，2003年。中译参照仅以谷方译本为准。——译注）

〔2〕 参见 Lukes, *Individualism*, pp. 99-109.（中译参见[英]史蒂文·卢克斯：《个人主义》，第93-102页。——译注）

(Ian Watt)的《小说的兴起》(*Rise of the Novel*)在关于个人主义的讨论中总是会被人提及,这很大程度上是因为他书里"罗宾逊·克鲁索、个人主义和小说"(Robinson Crusoe, Individualism, and the Novel)这一章。然而,很少有人引用瓦特著作的导言"现实主义与小说形式"(Realism and the Novel Form),这确实非常不幸。因为瓦特在这里不仅打下了其著作的认识论基础(这些基础使他得以彻底而冷静地探讨社会科学家在他们关于个人主义的讨论中曾论述过的那个相同的根据),而且他所引入的认识论在很大程度上增进了我们关于个人主义的理解。实际上,我们也许可以公平地说,瓦特揭示了从个人角度来理解个人主义的一个关键要素。

在他著作开篇的章节里,瓦特分析了现实主义和小说这种"最充分地反映了个人主义的重新定位(reorientation)的文学形式"之间的关系。他评论道,小说的"基本标准是个人体验的真实性",这一标准以"哲学现实主义的一般特征"为基础,而现实主义则"始于个人能够通过知觉来发现真理的看法"。这两种发展,哲学现实主义的发展和小说形式本身的发展,在托马斯·里德(Thomas Reid)、洛克(Locke)和笛卡尔那里有其源头,笛卡尔的《沉思录》(*Meditations*)"在很大程度上促进了**追求真理被认为完全是个人的事情**这一现代假定的产生,在逻辑上,这独立于过去的思想传统,并且确实更有可能由于对过去传统的背离而达到真理。"[1]这里,瓦特将我们带到了我们有理由认为是个人主义之核心的事物那里,也就是个人主义据以建立的基本假定:追求真理是一项彻底的个人事务这一信念。

瓦特的探讨和其他人——特别是那些采用了高度的政治方法的人——不同,他的探讨直截了当地强调了个人,强调了对个人感 18

---

[1] Ian Watt, *The Rise of the Novel: Studies in Defoe, Richardson, and Fielding* (Berkeley: University of California Press, 1957), pp. 13, 12, 13(强调部分为引者所加)。(中译参见[美]伊恩·P. 瓦特:《小说的兴起:笛福、理查逊、菲尔丁研究》,高原、董红钧译,北京三联书店,1992年,第4-6页。——译注)

知的绝对依赖，以及强调了对这些感知之正当性的绝对信任。这就是莫里斯的“心理体验”充分实现了的形式：与他人的差别感，当它和“对人类自身价值的信仰”结合在一起的时候，就变成了我们每个人都必须发现他或者她自己的真理这样一种信念。

同样重要的是，瓦特的描述，使我们超越了纯粹的自利（the mere self-interestedness）（或者大胆的自作主张[courageous self-assertion]）——个人主义在那些政治性的分析当中看起来似乎就是如此，并揭示了个人主义何以在西方的神话当中享有如此尊荣地位的一个主要原因。作为一种打破旧习的态度，[1]个人主义将个人从传统的束缚当中解放出来，而作为一种道德态度，它并不只是把自己建立在个人的自利基础上，而是建立在它所断言的在个人、他或者她的唯一性以及世界的道德结构之间所具有的至关重要的联系这一基础之上。通过在判定真假方面确立起人类感知的正当性——实际上是人类感知的首要位置，个人主义断定道德秩序是人类可以获得的；至少在观念上，它使个人能够摒弃对外在象征和仪式的依附，并且无可非议地自如地运用他或者她“通过感觉”所发现的无论是什么样的真理。

瓦特关于真理和追求真理的个体化行为（the individualization of truth and truth-seeking）所具有的价值的洞见，对于解释严格的政治分析何以没能为我们提供一幅完整的画面同样有很大帮助。如果个人主义，即使只是在部分程度上，是从个人日益脱离传统、获得独立的过程中出现的，而且如果这种独立过程是作为从原先加诸个人思想之上的那些束缚当中获得解放的一种形式而演化的，那么任何对个人主义之正当性表示怀疑的说法都很可能会被看成是一种重建传统束缚的企图。不难理解，由此引发的情感负

---

[1] 瓦特写道，个人主义“断定，整个社会主要是受这样一种思想的支配，即每个个体既内在地独立于其他个体，也内在地独立于以‘传统’这个词所表示的对过去的思想和行为模式的各种各样的忠诚——传统的力量总是社会性的，而不是个体性的”(ibid.，第 60 页)。(中译参见[美]伊恩·P.瓦特：《小说的兴起：笛福、理查逊、菲尔丁研究》，第 62 页。——译注)

担将会增加一种可能性，即任何从个人对社会负有何种义务——或者社会对个人负有何种义务——角度来分析这一问题的尝试，都将是对抗性的或者辩护性的。

因为当我们谈及个人主义的时候，我们并不只是在谈自由与社会责任间的对抗(liberty versus social responsibility)问题，我们是在求助于一套信仰体系，由于这个体系是以如此高昂的代价购买的，因此就不难理解，其订购者常常强烈地准备针对攻击来展开辩护。作为
一套信仰体系，个人主义确立了个体感知的正当性以及个体能够相 19
信这些感知之可靠性的程度。如果个人对于拥有独立感知的可能性一度是不自觉的，笛卡尔的“我思，故我在”(*Cogito, ergo sum*)则赋予了个人以勇气，使他(以及最终她)开始了一个他(或者她)常常要付出高昂代价的、对真理的个人化的追求过程。[1]

然而，当代关于个人主义的疑问似乎意味着，尽管思想可以证实存在的正当性，它却无法证实自身的正当性：个体自身的感知也许并不能为生命行为(the conduct of life)提供足够可靠的信息。真理，实际上，也许**并不是**“一个完全个人化的问题”。这样一些质疑注定会令人不安，因为它们实际上迫使个人去追问，“我思，故我在(I think, therefore I am)——但是既然我根本无法确定我之所思(what I think)的正当性，我又怎么能确定我之所是(what I am)呢?”这样一个问题也许让人不安，但是它对我们所面临的问题提供了一个更加清晰的描述。因为有了这个更精确的焦点，个人主义的一个定义就出现了，这个定义确立了一个基础，这个基础比我

---

〔1〕 第三人称代词(即“他”和“她”。——译注)在这句话里的使用，凸显了这里提出的论题在措词上的困难。尽管对于性别问题的敏感性，要求在那些“他”一度就已经足够的地方，倡导“他或者她”这样的用法，但是至少直到19世纪，在很多情形下，个体角色对于男性比对女性有更直接的意义。我们当然可以合理地认为，在19世纪以前用“他或者她”来指称个人的出现在很大程度上歪曲了真相。然而，即使在那些可能会丢失意义的细微差别的地方，本文仍然始终选择采用了包含所有性别的语言。

们先前那一假定更稳固，无论它是什么，关于个人主义的那些态度都正在发生改变。

就研究的目的而言，我们将把个人主义看成是**一个信仰体系，在这个体系当中，个人不仅被赋予了直接的地位和价值，而且也成为了真理的最终裁断者。**

这一阐释也许使我们对另一个词——“个性”（individuality）[1]进行更多的探讨有了合理性。尽管存在着行为主义（Behaviorism），我们大多数人仍会赞同，即我们所有人都被赋予了“个性”，因为我们将我们每个人存在的独特性（particularity）视为理所当然。我们把自己看做是一些个体化的“人格”，这些个体化的人格经历了孩童时期的体验，成长、婚嫁、如此等等。我们也许会怀疑我们是否像过去那样是同一种人，又或者我们也许会像浪漫主义者那样想知道，我们在成长的过程中是否并没有失去什么，但是我们承认，我们的个性——无论它在细节上包含什么——仍然是一个活生生的事实。

然而，西方的个人主义传统做出了像“我们都是个体”这样的一些声明，而不是一个关于人类存在之独特性的评论；这样一种声明暗示，我们的个性（我们认为它是一种独特性[uniqueness]）提供了我们在道德特性上的本质特征。当我们说“我们都是个体”时，我们通常也是在指，作为个体，我们每个人都是一个道德存在。确实，当个体之间的多样性开始丧失的时候，我们会变得警觉，就像
20 戴维·里斯曼那样，因为我们担心，我们道德存在的真正核心也许会受到过度的齐一性（uniformity）的威胁。

关于个性的主张实际上是这样一种主张：尽管动物本能、环境拟态（environmental imitations）以及条件反射也许都在一个人自由行事和自由选择的能力中发挥了某种作用，然而在我自己的决策过程中，最关键的要素仍然是这一点，即没有谁会是我自己（no one else is who I am），没有谁会以我看待事物的方式来看待事情。

---

[1] individuality 也可以译为“个体性”，还有人译为“个别性”。——译注

就像康德指出的那样,“人们,由于他们真实的性质表明,他们是自身的目的……因此绝对不能只是被当做手段来使用。”[1]当我们谈到个性时,我们并不是在笼统地提供一种价值中立的描述;我们是在乞灵于一个信仰体系,这一体系使我们的个性成为了我们道德世界的核心。这一信仰体系就是个人主义。

本书把个人主义看做是一个信仰体系,它使我们的个性成为了识别真理和实现道德价值的工具。在个人主义的根基处,乃是莫里斯所谓的各个存在间差异的“心理体验”以及置于这种差异之上的价值。[2] 但是使个人主义成为这样一种哲学完形(a philosophical gestalt)的催化剂,是个人关于真理性质所作的这样一种假定,即他或者她无需在自我的范围之外寻求帮助就可以接近真理。本研究做出了这样一个假定,即当个人可以接近真理的信念最初被提出时,它是一种革命性的态度,但是正如我们所见,随时光流逝,它却成为了一个关乎权威信仰的问题(a matter of faith ex cathedra);无论如何,这种权威性信仰在现代已经被深深地撼动了。

最后,必须说明的是,本研究既不打算成为一个完备而系统的阐述——即一张关于个人主义所暗含之意义迷宫的“地图”,也不打算成为这一主题最终的、决定性的文字。显然,如此复杂的一个信仰体系的地图,只能依某个特定视角(比方说卢克斯所采用的那种)才能绘制出来,而这种方法却面临着一种风险,也就是说,它有可能会把我们也许会称作爱因斯坦现象的事物强行挤压进欧几里德空间里。[3] 这里只是在尝试探讨个人主义作为西方传统的一个

---

〔1〕 转引自 Watt, *Rise of the Novel*, p. 225.(中译参见[美]伊恩·P. 瓦特:《小说的兴起:笛福、理查逊、菲尔丁研究》,第 254 页。康德的这句话出自《道德形而上学原理》。——译注)

〔2〕 参见朱利安·杰恩斯(Julian Jaynes)在下面第三章里的评论,即意识是作为感知自我和他人之间区别的一种功能而出现的。

〔3〕 卢克斯把他的分析称作“一张概念图”(a conceptual map),却也承认,这张概念图是“根本不完善的”(*Individualism*, p. 158)。(中译参见[英]史蒂文·卢克斯:《个人主义》,第 144 页。——译注)

支柱是怎样出现的，以及对待个人主义的态度在过去一百年或者更长的岁月里是如何变得日益、甚或是压倒性的怀疑主义的。同样，本讨论只是希望能够对未来可能延续的、关于个人主义的更广泛的探讨作出一点点贡献。

然而，在某种程度上，本书确实希望通过从一个更宽广的角
21 度，以及怀着比以前的研究更冷静的态度来探讨个人主义，并由此
对之作出重新阐释。我在这里提供的分析，既不打算成为关于个
人主义之衰亡的一个庆典，也不打算成为关于个人主义之衰落的
一个哀悼。它只是理解个人主义衰落过程的一个尝试，并试图去
发现一些方法——运用这些方法，我们就能把对个人主义的理解
整合进关于我们自身的知识体系当中去。无论其结论的正当性如
22 何，如果它做到了这些，它的目的就达到了。

第二章 古代世界

人们未能始终如一地对待个人主义的谱系，其原因之一，也许是我们遇到的、试图将个人主义的历史先驱分离出来并加以确认这一难题。哪些事物适于作为判断这些先驱的证据，一个研究者和另一个研究者会有不同的看法，这一事实使得人们在处理谱系问题的能力和意愿方面会存在程度上的不同。卢克斯几乎没有审视文艺复兴之前的证据，莫里斯差不多没有理会希腊人，而迪蒙则忽视了古希伯来人。只有《社会科学百科全书》既论述了希腊传统，也论述了希伯来传统，但是它很大程度上是根据个人在社会中的作用——即社会赋予个人正当性(validity)的程度——来展开论述的。[1] 研究者们羞于致力于这样一些问题：自我甚或意识这些概念本身是如何产生的，以及这些概念是在何时产生的；尽管这些问题的答案显然是“个人的发现”以及瓦特在笛卡尔那里发现的个人主义真理观的演变这些问题的先声。

个人主义预先假定了一个有意识并且能够就真理的性质做出判断的自我，一个“内在的”自我。尽管洞察古代历史中那些不甚明晰的领域以寻找内在自我出现的线索是艰难的，但是我们至少应该进行这一尝试。真正对个人主义谱系感兴趣的人，没有谁会满足于像迪蒙那样的意见，即“[希腊人]对理性探究的不断训

---

〔1〕 参见 *the Encyclopaedia of the Social Sciences*, p. 675.

练……本身必然已经培育出了个人主义”。[1] 因为尽管和大多数分析相比，这一评论把我们带回到了历史的更深处，但是无论希腊
23 人多么理性，对于个人主义的真正理解，需要的并不只是这种假定，即个人主义完全（full-blown）源自那些善于思考的希腊人的头脑。既然我们正在处理的说到底是内在自我的问题，采用一种心理学的方法，就要比采用以抽象理性与哲学的构成物为基础的逻辑猜想所提供的思路更为明智。后一种思路有时不免狭隘。如果可能，我们应该通过自问这样一个问题来入手，即像自我概念这样的事物的演进在古希腊和希伯来传统中是如何发生的。

埃里希·弗洛姆（Eric Fromm）的《你应该像神一样》（*You Shall Be as Gods*），从这一角度为我们提供了关于古代希伯来传统的一瞥。作为以心理学研究为基础的哲学分析，弗洛姆的研究从弗洛伊德的假定入手。弗洛伊德的假定是：人类宗教源于我们试图满足自身对宇宙秩序的渴望。弗洛姆随后又分析了古代的各种宗教传统，以试图判定哪种宗教传统最接近真实的生活竞争。弗洛姆相信竞争这一特性将会在心理学上鼓励健康的行为，并由此增加这种传统对于人类智识演化的贡献。

弗洛姆断定，古希伯来人建立了一个传统，该传统培育了一种对于人类和历史的高度发达的理解，这一传统使得该文化能够从其经历中学习和成长，并由此确保希伯来传统不仅能够生存下来，而且还会在西方传统的发展中保持一种带有持续性的地位。当他把古代中东地区偶像崇拜的异教和希伯来人以及他们的宗教进行比较时，弗洛姆做出了一个评论，这个评论恰恰涉及我们就希伯来传统中自我概念的出现所必须追问的那些问题。在对希伯来禁止偶像崇拜进行评论时，他写道：“在敬拜偶像的过程中，人是在敬拜自己。但是这种自我是人的一个局部而有限的方面：他的才智、他的体力、权力、名声等等。通过把自己等同于他自己的某个方面，

---

[1] Dumont, *Essays on Individualism*, p. 28.（中译参见［法］路易·迪蒙：《论个体主义：对现代意识形态的人类学观点》，第 25 页。——译注）

人就把自己局限于这个方面；他失去了他作为人的整全性（totality），并停止了成长。”[1]通过对比，弗洛姆指出，古希伯来人禁止制造偶像，由此不仅消除了形成一种片面人性观的可能性，而且同时使他们得以形成一种对于他们自己神明的、内在而理想化的概念化过程。

换言之，古希伯来人没有一批“雕像”，因此他们无法把人类的一些理想的特点加之于这些雕像之上。相反，他们发展出了一个他们 24
能够识别的统一形象，而且既然这个形象无法在物质上加以表现，它就必须隐含地留驻于个人的精神（the psyche）当中。对于能够指认出他们那些看得见、摸得着的偶像的异教成员来说，无论这一形象是多么朝生暮死，[2]它都成了古希伯来人个体存在的支配性力量——一种他们能够据以评价自身个体行为的内在标准。

就我们的讨论而言，弗洛姆的分析有两个方面很重要。首先，弗洛姆暗示，在很早的阶段，古希伯来人就发展出了把理想化的概念化过程（idealized conceptualizations）当成认识论景观（the epistemological landscape）的独特特征的能力。我们可以称之为一种“具体化”（reification）的能力（在这里，reification 并不含有这个词经常伴有的那些负面内涵[3]）：一个理想化的一神论（deistic）[4]形象变成了一种内在的抽象，尽管是无形的，却表现出了和人类体验其他更有形的方面同等的重要性。这种具体、统一的概念化过程

---

〔1〕 Eric Fromm, *You Shall Be as Gods*（New York: Fawcett, 1966）, p. 37.

〔2〕 按照作者的解释，这种形象的“朝生暮死”是相对于异教的雕像或者图腾而言的，因为观念在没有形诸文字、没有获得载体的时候，一定是朝生暮死的。——译注

〔3〕 作者这么说是因为 reification 这个词还含有“物化、非人异化”的意思（可参见本书英文版第 5 页）；另外，这里的“具体化”真切的含义是：把一个抽象的概念看做或者当做具体的或物质的存在。——译注

〔4〕 deism/deist/deistic 一般的解释是“自然神/自然神论者/自然神（论者）的”，但是自然神的观念是 17 世纪以后才逐渐形成和发展的，此前，deism/deist/deistic 实际上和 theism/theist/thestic 通用，因此译成“一神论/一神论者/一神论（者）的”，下同。参见［美］约翰·奥尔：《英国自然神论：起源和结果》，周玄毅译，武汉大学出版社，2008 年，第 3 页。——译注

留下的是一个神——耶和华(Yahweh);[1]因此,就其本身而言,它并不能被认为是一个自我概念(a self-concept)。但是,如果我们接受弗洛伊德和弗洛姆的信念,认为神明不过是人类理想化、也就是说自我理想化(self-idealizations)的投射的话,那么这样一种抽象的理想化过程的形成,似乎就代表着向自我概念形成迈出的重要一步。[2]

其次,弗洛姆提出了一种事物,这种事物是和现代个人主义相伴的道德律令(the moral imperative)的先声。由古希伯来人所进行的具体化过程既不是武断的,也不是某种理性训练(a rational exercise)的组成部分。它包含在一种人们深切体会到的宗教传统之中,这一传统试图去解释宇宙,并把一种道德化的构造归因于它。把一个理想化的抽象物确立为一个神,而这个神对个人日常生活具有重要意义,这本身就带有强烈的道德暗示:如果希伯来人关于上帝和历史的观点是既定的,事情的面貌就不可能再以其他什么方式出现。因此这种抽象的理想化过程的形成带有一种道德律令。耶和华并不仅仅是人类品格(human personality)的一种反映;他同样是我们今天将会称之为道德良心的事物。[3]关于现代个人主义的道德先驱,我们不久会更多地论及。目前,我们指出这一点就足够了,即弗洛姆的分析似乎意味着可以和自我概念联系在一起的一些早期精神功能,看来已经和一种道德感结合在了一起。

25 弗洛姆关于古希伯来人"具体化过程"(reification)的分析,指出了他们是怎样发展出这些思想功能的,而这些功能可能已经构

---

〔1〕 Yahweh 更规范的译法应当是"雅赫维",因为"耶和华"(Jehovah)这个更为人知的称呼可能是后来欧洲基督教学者对"雅赫维"(Yahweh)的一个误读,但是这种学术上的区分对于本书来说并无意义。便于读者理解起见,本书中把 Yahweh 一律译成"耶和华"。请参见[英]约翰·布克:《剑桥插图宗教史》,王立新等译,山东画报出版社,2005 年,第 184 页。——译注

〔2〕 关于宗教如何表现理想化的人类自我投射(idealized human self-projections),完整的讨论请参见 Freud, *Future of an Illusion* (New York: Bantam, 1967)。

〔3〕 参见 Paul Johnson, *History of Christianity* (New York: Penguin, 1976)一书第 10 页关于希伯来人的上帝概念的讨论。

成了最终将会被理解为人类个性的那些事物的基础。但是从他的评论中，我们留下的只是一些少之又少的关于自我概念的线索。要想建立一幅更完全的图景，弄清自我概念的出现是如何有助于为个人的首要位置奠定基础的，我们就需要对自我概念的产生方式做更详尽的分析。近来，就有人做过这样的一个分析，值得我们展开来讨论。

在《意识在两院制头脑崩溃过程中的起源》(*The Origin of Consciousness in the Breakdown of the Bicameral Mind*)一书中，[1]心理学者朱利安·杰恩斯(Julian Jaynes)直接聚焦于这样一个问题，即古代人类思想各个过程的演进是如何为自我概念的出现奠定基础的。杰恩斯的最终目标是远大的，他试图证明，脑生理学中所发生的一些达尔文式的变化，在公元前第一个千年里仍然在发生，而且这些变化反映在各种各样的仍然存在的证据当中，从像《伊里亚特》(*Iliad*)等叙述中的自我指称名词(self-referring nouns)等语言要素的演进，到希伯来先知从上帝的代言人到更加个人化的真理探索者的转变。杰恩斯的结论是富于启发性的，对于某些人来说，则是有争议的。[2] 但是，为了能够从中获得教益，

---

〔1〕 在心理学中，杰恩斯提出的所谓两院制(bicameralism)理论极具原创性，却也充满争议。这种理论认为，人类的大脑曾经处于一种所谓的两院制状态(a bicameral mind，也有人译为心智两开说)，在这种状态中，认知功能分成两个部分，一个部分说，而另一个部分则听并且遵从。杰恩斯的灵感来自于政府理论中的两院制。——译注

〔2〕 沃尔特·昂，在《口头能力和读写能力》(*Orality and Literacy*)一书里，似乎想要挫一挫杰恩斯这些发现的锐气，他指出，“两院制(bicamerality)可能只是意味着口头能力”(第30页)。但是他接下来承认，“两院制和读写能力的问题也许还需要进一步的分析”。无论如何，杰恩斯的著作，是《牛津意识指南》(*The Oxford Companion to the Mind*)“意识”(consciousness)条目下提到的唯独两本著作中的一本；很多人，比方说尼尔·波斯特曼(Neil Postman)在《让我们快乐到死》(*Amusing Ourselves to Death*[New York：Penguin，1985]，pp. 165-166 n. 7)里，以及特纳(Charles Hampden-Turner)在《意识地图》(*Maps of the Mind*，pp. 90-93)里，都在表面上(at face value)接受了杰恩斯的观点。

我们既无需接受也无需反对他的全部假设。因为杰恩斯的分析不仅提供了和我们自身论题直接相关的大量证据,也提供了一套使我们能够掌握该论题某些较为难以捉摸的特点的概念工具。

杰恩斯认为,在公元前第一个千年之前那个阶段的智人(Homo sapiens)是没“有意识的”,“有意识的”是杰恩斯小心加以限定的一个术语。大量吸收了心理语言学家的分析,他写道:“主体有意识的思想(Subjective conscious mind)是真实世界的一种**模拟**(an *analog*)[1]。它是使用词汇或者词汇场(lexical field)逐渐建立起来的,这种词汇或者词汇场的术语都是自然世界里的行为的隐喻或者类比。”[2]如果暂时把“主体性”观念搁在一边的话,我们可能会对杰恩斯关于意识的描述和弗洛姆的分析中所暗示的“具体化过程”之间的一致之处留下深刻印象。此外,相对于弗洛姆对于人类自我概念发展过程的描述而言,杰恩斯为我们提供了一种更高的精确性。因为当我们把个体有意识的思想描述为真实世界的一个“模拟”时,我们就以更大的特异性(specificity)表达了我们非常想要以空间术语来提及的那种抽象过程(the abstraction)的真实性质,就像当我们使用“在我的思想后面”这些短语时那样。(空间化[spatialization],杰恩斯写道,实际上是刚刚出现的意识的一个特点。)而把有意识的思想所完成的具体化工作描述成词汇场的
26 建构,则使我们拥有了一种在一个更加结构化的(structured)框架里确认那种行为的手段。

在杰恩斯看来,古希伯来人创造了一个抽象而理想化的神(这个神并不以有形的偶像形式呈现),这等同于创造了真实世界的一个模拟——思想里的一个“空间”——这个空间成了迈向意识的第一步;而弗洛姆认为刻画了希伯来传统特性的那种“统一”并且非

---

〔1〕 这里的 analog 含有“模拟(物)”、“类比(物)”的意思,下文中根据需要交替使用这些概念。——译注

〔2〕 Julian Jaynes, *The Emergence of Consciousness in the Breakdown of the Bicameral Mind*(New York: Houghton -Mifflin, 1976), p. 55(强调部分为引者所加)。

常道德化的性质，乃是这种萌芽中的意识所从中由以形成的词汇场的一个特点。此外，我们并不是在关注“自我”的出现（自我是希伯来人头脑中创造的、一种高度一神论的模拟物[the highly theistic analog]当中的意识）。因此目前还是让我们推迟对杰恩斯关于“主体”这个词的用法的讨论。然而，由弗洛姆所描述的“并未疏离的”希伯来上帝的形象，确实足以作为一个模拟——这个模拟在词汇场里重塑了感觉和体验。

杰恩斯的著作为我们提供的，并不只是这一非常有价值的概念工具，因为它也包含了大量其他信息，这些信息涉及古代各文化中的个人是如何非常确切地（quite literally）“看待”（see）他或者她自己的，以及古代诸文化中的个人是如何不仅获得意识，而且获得个人主义先兆的一些萌芽——自我意识的。杰恩斯把《伊里亚特》看做是对其翻译我们已经有充分确定性的最早的书面文件，以便我们可以就一种古代文化表现出的或者所缺乏的那种自我意识得出一些论断。他指出，在阿基里斯（Achilles）的故事里，让人吃惊的是，还没有模拟意识（analog consciousness）。杰恩斯仔细审视了这部史诗里的不同字眼（这些字眼在后来的用法中逐渐以不同的方式涉及到“空间化的”自我——*thumos*、*phrēn*、*noos*、*psychē* 以及其他一些词）。他证明了，《伊里亚特》里的这些词，每一个都具有突出的生理学而非心理学的指涉物。[1] 尽管传统解释一直把这些词作为“精神状态”的隐喻性陈述，杰恩斯却证明了，严格的语言分析同这种隐喻性的解释是矛盾的。（隐喻，实际上是杰恩斯用来刻画有意识的“模拟”思想 [“analog” mind]的另一个特点。他认为，“荷马的”思想还不能说是隐喻化的。）他认为，*Noos* 并不是“思想之眼”的视域（the sight of “the mind’s eye”）所在，而是一种特

[1] *thumos*、*phrēn*（复数形式 *phrenes*）、*noos*、*psychē* 在这里的含义较为复杂，杰恩斯用来翻译 *thumos*、*phrēn*、*noos*、*psychē* 的英文词汇分别是：motion、midriff、perception （recognition，field of vision）、blood (breath)，既带有生理学的意味，也带有心理学的意味，为了避免因翻译产生不必要的歧义，此处均原文照录。——译注

殊的感知(a specific perception)或者一种表露(a demonstration):“为了号召他的人参战,一名勇士会说,除非凭我们的勇气,和他们白刃近战(15:510)”;[1] *phrenes* 是“[当我们]‘摒住呼吸’时,和我们的呼吸变化联系在一起的颞部的情感方式(the temporal pattern of sensations)”;[2]等等。

一些传统的解释也往往关注《荷马史诗》(*Homer*)中当神出现
27 时的隐喻,但是杰恩斯认为,这时,我们同样把现代意识强加给了古代的“前意识的”征兆。他坚持认为,神明是一些复杂的视觉和声音形象——一些虚拟的幻觉——这些幻觉和 *thumos*、*phrenes* 等事物中的身体感觉一道发生,作为一种原始意识,这些幻觉是由“两院制”大脑的一个脑半球产生的。神明的出现为行为提供了动机,就像阿基里斯提醒阿伽门农抢走了布里塞伊斯(Briseis)时阿伽门农表明的那样:“我并非这一行为之因,而是宙斯和我黑暗的命运,以及行走于黑暗中的埃里尼斯(the Erinyes):那日他们在大会上给我灌进了可怕的迷乱(*ate*),使我专横地从阿基里斯那里抢走了他的战利品,我能怎么办?神明总是有他们的办法(19:86-90)。”[3]像希伯来人一样,古希腊人乞灵于精神形象(a mental image)——或者就这里的情形而言,是很多不同的精神形象,这些形

---

[1] 原文是 there is no better noos than a hand-to-hand battle with the enemy。这里参照罗念生、王焕生译本译出,参见《伊里亚特》,罗念生、王焕生译,人民文学出版社,1994 年,第 398 页。该译本的译文是“我们现在没有更好的办法和计策,除非和他们近战,凭我们的勇气和力量”。——译注

[2] Ibid, pp. 269, 263. (temporal 通常作“暂时的、世俗的”解,但此处的 temporal 似乎是生理学意味的,因此看来翻译成“颞部的”为宜,颞部是人和某些其他哺乳动物头两侧(太阳穴附近)的区域。——译注)

[3] 埃里尼斯(the Erinyes)是复仇三女神的总称;埃特(*ate*)是引人草率行事并受到惩罚的犯罪女神。本处译文系译者根据作者的引文译出。中译参见《伊里亚特》,罗念生、王焕生译,人民文学出版社,1994 年,第 504 页;关于阿伽门农和阿基里斯针对布里塞伊斯产生的争端,参见《伊里亚特》,第 1 卷。——译注

象代表了以神化了的(theized)[1]形式出现的关于人性的某种理想化的看法。最终,生理学词汇和因幻觉而产生的神明都成了隐喻:在一种分层化的过程(a kind of layering process)中,一个词汇场出现了,它使希腊人拥有了自我指称的力量,模拟-“我”(the analog-“I”)出现了。[2]

杰恩斯并不认为,从一种无意识的存在(这种存在受诸神形象或者上帝形象控制),到一种有意识的存在(这种存在当中出现了能够确认出一个真实的模拟自我[a true analog self]的词汇场)的转变是突然发生的。但是出于一些理由,他认为这一转变的发生是非常迅速的,以至于足以使《伊利亚特》里那些带有突出生理学指涉的词汇,在《奥德赛》中开始有了心理学的指涉意味。在《奥德赛》里,这些词开始摆脱它们在生理学上的联想,并开始呈现出一些隐喻的含义(它们中的很多在这个过程中获得了一些空间特性),这意味着它们已经成为了用来表达心理学状态的词汇场的组成部分。

比如,*Phrenes*,在《伊里亚特》里曾经是指和呼吸有关的一些情

---

〔1〕 作者解释,theized 是他自造的一个词。——译注

〔2〕 Ibid., p. 73. 杰恩斯用“词汇场”来表示一组词语,这一组词语在含义、叙述等方面,由于对说话者或者写作者具有现成的可用性(availability),因此意味着它们被共同用来确认的那种经历或者事物具有相似性(the familiarity)。比方说,心理分析使用“自我”、“本我”、“超我”这些术语来表示人类人格的不同方面;它们的这种用法源于心理分析学的信念,即人格揭示了这些术语所指明的某些特点。比(杰恩斯所说的)希腊人当中出现的术语更专业,无疑也更精确,心理分析的术语代表了这样一个词汇场,由于它在整体上或者在部分程度上被人们广为接受,从而确立了人格的一些更加难以捉摸的方面,就仿佛它们是可以触摸的对象。弗里德里克·詹姆逊在《政治无意识》(*Political Unconscious*, pp. 58-74)中关于心理分析术语的探讨,考察了当两个词汇场(就其情形而言,是心理分析和马克思主义的词汇场)冲突并且产生出“串话”(cross-talk)时所造成的一些解释学上的难题。(中译参见[美]弗雷德里克·詹姆逊:《政治无意识:作为社会象征行为的叙事》,第47-63页。——译注)

感，在《奥德赛》里却变成了担心之所在（a location for fears），这样一来，对于求婚者之间争吵的担心会引起特勒马科斯（Telemachus）心中的忧虑（19：10）。[1] *thumos* 几乎开始作为真实个体中的第二人格发挥作用，成了认可行为（recognition）在其中出现的一个“场所”；因此正是“牧猪奴的心灵‘要求’他迅速回到特勒马科斯那里（16：466）”。[2] *noos* 同样变得像第二人格，有时几乎表现出了“有意识的思想”的意思，就像当奥德修斯在他的 *noos* 当中怀有那些伟大的诡诈想法时那样。

28 杰恩斯同样发现了向模拟意识转变的一些其他迹象：时间指涉（time referents）的精确化与空间化，以及对未来更频繁的提及。具体名词的抽象化在比率上的提高，特别是那些在英译中以“-ness”结尾的词，以及明喻手法的显著减少。此外，《奥德赛》的故事也随着其主人公的狡猾和诡诈而转移。杰恩斯认为，这些特点“需要发明一种模拟自我，从而能够‘做’迥异于这个人实际上所做的那些事情，或者‘成为’迥异于这个人实际上所成为的那些事物。”[3]

杰恩斯接下来通过转向赫西奥德（Hesiod）的《工作与时日》（*Works and Days*）来追溯模拟思想（the analog mind）的出现，《工作与时日》是继先前那些前意识时代“宏大的非个人化叙述”之后的“一个更详尽的个人化表达”。在这里，*thumos* 继续保持着心理学的空间化内涵，就像 *phrenes* 一样；*kradiē* 在《伊里亚特》里和心脏以及心跳有关，现在则变得人格化了；*noos* 实际上开始呈现出一些与道德行为的牵连关系。《工作与时日》本身被公元前 7 世纪的抒情诗和挽歌继承，在这些抒情诗和挽歌中，最终出现的个人化的表达表现出了一些差异，而这些差异都可归结到个人身上。“内容

---

〔1〕 中译参见《奥德赛》，王焕生译，人民文学出版社，1997 年，第 393 页。——译注

〔2〕 Jaynes, *Emergence of Consciousness*, p. 274.（《奥德赛》相关内容，中译参见《奥德赛》，第 347 页。——译注）

〔3〕 Ibid., pp. 276, 219.

的世俗化和人格化”，杰恩斯写道，“在（公元前 7）世纪中期完全爆发了。”[1]

但是杰恩斯认为，主体意识思想第一个真正的陈述是梭伦(Solon)做出的。梭伦比他以前任何人都更频繁地使用了 *noos* 这个词（*noos* 在《伊里亚特》里一直是指“感觉”[perception]），而且他确实是用这个词来表示一个人的内在特性——我们也许会称之为他的性格的某种东西，梭伦评论说：“你们每个人都像狐狸一样地处事；[2]你们所有人的 *noos* 都是 *chaunos*（充满漏洞[porous]，富于弹性的[spongy]）：因为你们注重一个人的语言和转瞬即变的话语，而从不注重他的作为。”根据一些或者至少一位他的同代人的说法，梭伦提出了“认识你自己”(know thyself)这一劝勉。杰恩斯指出，认识自己的真实概念，要求一个人“把自己看做是处于一个想象的空间里”，对于《伊里亚特》的思想来说，这是完全异质的，而梭伦对 *noos* 这个词的独特用法以及他把这个词具体化为关于“意识”的想象性的精神空间表明，在梭伦的时代，希腊人已经进入了“现代的主体时代”。[3]

我们因此又回到了这样一个问题，即怎样将“主体性的”(subjective)这个词应用于我们的讨论。在描述从无意识的“两院制”思
想到梭伦以及公元前 7 世纪希腊挽歌当中的思想的转变时，杰恩 29
斯描述了在希腊文学作品以及古巴比伦的楔形文字文学(the cuneiform letters)、亚述的吉尔伽美什史诗(the Assyrian Gilgamesh epic)和几个其他古代文明的画像(the pictorial representations)中所反映的意识的 4 个阶段。但是杰恩斯用于这些阶段的那种特殊用法（其中一个阶段他贴上了“主体的”这一标签），却使我们无法

[1] Ibid., pp. 281, 280, 283.

[2] 原文是 walks with the steps of a fox，作者解释说，这是梭伦在批评他所描述的这些人过于小心翼翼了。——译注

[3] Ibid., pp. 286, 287.

直接采用他的术语。[1] 为了在我们随后关于个人支配地位和个人主义出现的探讨中保持明晰性，“主体的”这个词将主要在康德式的、与作为意识中心的主体有关或者相关联的意义上来使用，就像杰恩斯在大多数情形中使用的那样。当在这种意义上使用时，如果个人开始逐渐形成一个围绕着空间化的自我感知而展开的词汇场，我们就可以说人类在个体自我意识的发展过程中已经进入了一个“主体”时期。在拥有一个“自我”的可能性一度由于个人沉浸于存在的生理体验当中而被消除掉的地方，主体性使得在个人和这种体验之间有可能形成一个“缓冲地带”；这个缓冲地带就是“主体”意识，因此它的出现代表了从沉浸于生理体验当中的状态到主体性状态的一个转变。[2]

因此，我们同样能够把希伯来人的具体化过程(the reification)包含在我们的主体性观念之中。因为尽管在弗洛姆看来，希伯来人还不可能有杰恩斯归之于梭伦时代希腊人的那种内省倾向，但是毫无疑问，他们实现了一个转向——向承认他们自己是意识中心这样一个过程的转向，尽管这一转向可能非常细微。用杰恩斯的话来说，荷马时代的希腊人和摩西时代的希伯来人都已经创造了一种“空间”，这种“空间”最终将会成长为主体意识。

有这样一个背景在头脑里，我们现在就可以转向杰恩斯对古希伯来人的评价了。杰恩斯注意到，当希伯来传统在《旧约》中显

---

〔1〕 Ibid., p. 260. 简单地说，杰恩斯的这些范畴把——比方说——希腊人使用的那些词语描述成了多多少少是隐喻性的。他称那些最缺乏隐喻性的词语为客观性的(objective)，因为它们涉及的是像呼吸这样实际的“事物”；而他称那些最具隐喻性的词语为主观性的(subjective)，因为它们涉及的是精神过程。杰恩斯由此以他自己的命名法刻画了那些词本身的特点。我主张去刻画这些词的言说者或者书写者的思想状态，由此把意识的出现作为我们精神史上第一个“主观性的”时刻。这种用法取消了杰恩斯命名法的极性倾向(the polarity)却并没有改变其实质。

〔2〕 在个人和体验之间的“缓冲地带”(buffer)这个概念和弗洛伊德在《超越快乐原则》(*Beyond the Pleasure Principle*, New York: Bantam, 1967)中关于自我(the ego)发展过程的描述是类似的。

露出来时，在这个传统中有许多指向于主体意识出现的证据。在一连串的论证中（毫不奇怪，这些论证重复了弗洛姆的意见，即古希伯来人通过摒弃视觉一神神像［visual deistic representations］，在道德意识的演变中向前迈出了一步），杰恩斯指出，希伯来人在他们关于耶和华的体验中逐渐丧失了视觉成分，这一体验开始于上帝在伊甸园中有形的临在，但是在《传道书》（Ecclesiastes）等章节中却退化成了在燃烧的树丛和烟火柱里的象征性的临在，并且最终完全消失了。杰恩斯同样指出，希伯来人对偶像的使用实际上一度是很普遍的，但是在公元前 7 世纪——也许并非巧合，同希腊抒情诗以及挽歌“带着个性化内容的蓬勃发展”是在同一时期——约西亚王（King Josiah）派人收集并摧毁了偶像，并永久性地建立起了一个具体化的神（a reified deity）。[1] 30

杰恩斯同样指出了模拟自我在《旧约》中出现的证据：由人类的堕落所展示的欺骗能力。占卜术的存在——这要求一种隐喻性的思想能力，如果一个人想要把一些征兆解释成具有选择性的多重前景的话。还有双关语，它也像引发预言（divination）的类比手法一样存在着。[2] 但是最令人吃惊的，杰恩斯写道，是《旧约》中从像阿摩司（Amos）这样的早期先知，到诸如《传道书》和《以斯拉记》（Ezra）的作者这些后期作家的转变，阿摩司自发并且不带主观性地陈述那些“听来的”预言，而后期的作家们则学习律法并探求智慧。

杰恩斯写道，阿摩司代表了古代无意识的自我，这种无意识的自我仍然沉浸于经验当中，而缺乏模拟自我的缓冲。“在《阿摩司书》中，没有任何关于注意、思索、感受、理解或者任何其他类似的词语；阿摩司从来不在他的心里思考任何事情……在他说话之前他不会有意识地思考；实际上，他根本就不思考。”作为对比，《传道书》的作者“注意到”（sees）智慧优于愚蠢，而且他把时间和人类的

---

〔1〕 Jaynes, *Emergence of Consciousness*, pp. 293-313.

〔2〕 Ibid., pp. 239-241.

行为空间化了。就像杰恩斯指出的，他“尽可能深入地在……他实在的内心(hypostatic heart)当中思考一些事情;《传道书》思索着，考虑着，不断地把一个事物和另一个事物加以比较，并作出精彩的隐喻。”[1]杰恩斯得出结论，《旧约》较晚的章节代表了向叙述化、空间化的模拟自我(the narratizing, spatialized analog self)的完全转变，就像《列王纪上》(I Kings)里提到的对先知团体明显的屠杀行为和《撒迦利亚书》(Zechariah)里杀害那些将做预言的孩子的命令，代表了一种无法逆转的决定，即希伯来人将放弃与神直接联系的所有遗迹，而把自己委身给律法和他们自己关于义行的内在感受。

关于希伯来人新出现的主体性词语场的道德基础，杰恩斯的分析并没有为我们提供直接的洞见。较早的时候，他指出，从《伊利亚特》到《奥德赛》的意义转变，已经指明了“道德的起源”。《伊利亚特》存在于一个无善无恶的世界里，而《奥德赛》则确立了一些性格动机(character motives)，这些性格动机被刻画得有若神明(*agathai*)。[2] 尽管他承认，希伯来人发展出主体性时所展示出的意识是一种突出的道德意识，但是杰恩斯却没有做出任何努力来解释它。

关于道德在古希腊人和希伯来人当中出现的问题，可能还需要对这些传统的宗教渴望和精神渴望作更深刻的分析，而这是我
31 在这里无法提供的。然而，在杰恩斯所绘制的图景当中，这些事情是清楚的：既然模拟-我(the analog-I)的出现是以丧失古代思想(这些思想一直提供着动机与方向)的一些特点为代价的，而且既然一些“非词汇”(nonlexical)场(那些更古老的特点就存在于这些非词汇场里)深深地植根于一些已经从面对和解决生死问题的古老尝试中出现的传统里，[3]那么这种新出现的“我”会和这些尝试

[1] Ibid., p. 296.

[2] 按照作者的解释，*agathai* 是 godly 的意思。——译注

[3] Ibid., pp. 141-175.

融合在一起就是自然而然的事情。一个取代了神意(the voice of God)位置的“我”可能是迈向世俗化的一步,但是这几乎不可能是一种价值中立的发展过程。新出现的“我”将自然地开始承担起处理道德事务的责任,而这些道德事务曾经是神明、先知、偶像以及其他一些类似事物的领地。

此外,就像杰恩斯指出的,像《创世纪》中人类堕落那样一个故事,也许本身就是关于意识出现的说明。[1] 当然,空间化自我概念的形成是关于选择的感知(perception of choice)的一个先决条件,而选择本身则是道德行为的一个先决条件。人类堕落的故事也许以一种比先前的想象更精确的方式表达了古希伯来人的一种认可,即意识的出现代表了一个再也无法折返的点,随之而来的则是关于善和恶的知识。

因此,简而言之,弗洛姆和杰恩斯关于古希伯来人和古希腊人的分析,都间接表明了一些事情,这些事情涉及到古代世界那些个人主义先驱的性质问题。

首先,在我们今天所谓西方传统的最早阶段,个人可能是没“有意识的”(在我们今天使用的这个词的意义上)。没有任何“具体化”、空间化的自我概念——这个概念使我们把自身看做是一个模拟-我(an analog-I)。证据表明,古希伯来人和古希腊人都深深沉浸在非主体性的经验当中,直到这种模拟-我的出现,而且因为他们无法(象征性地或者确切地)把自己想象成已经**拥有**了自我,他们相对而言仍然是缺乏反思能力的(unreflective),缺乏能够使他们——我们现在称之为内省(introspection)——的词汇场。

其次,我们就希伯来和古希腊传统所持有的证据,似乎证明了模拟-我的出现,这也许是在公元前第一个千年之初,经历了二三百年这样相对不长的一个时期之后。模拟-我出现的触发机制已经很难完全确认了:也许是这个时期深刻的社会剧变;也许是“两院制”

---

[1] Ibid., p. 299.

32 大脑在神经学平衡(the neurological balance)上的一些转变;也可能是这二者和其他各种影响因素的相互作用。[1] 无论如何,通往模拟-我出现的道路也许可以远溯至公元前第十个千年,因为考古学证据表明,中石器时代的文化已经开始把死去的王制成活着的神明——这显然是一种模拟行为。[2]

更重要的是,这种模拟自我(the analog self)的出现,看来是和古代自我使用隐喻的能力成正比的。隐喻在《荷马史诗》和《旧约》这些文献中的出现代表了词汇场的发展结果,在这个词语场里,模拟自我开始得以演化和成长。隐喻是"想象"自我的第一步,自我则是最终的隐喻,随之而来的是主体意识,那种把主体看做是意识中心的能力。其他一些精神性的表达似乎同样是新出现的自我所特有的:精神过程的空间化,对抽象名词不断增长的依赖,欺骗的能力以及从事占卜的趋势。

最后,因为模拟自我的出现是可能进行有意识的选择的一个前提,而且因为模拟自我的先驱本身是深深植根于一些精神与宗教传统(古代人试图用这些传统来解释宇宙)中的,人类自我概念的产生,由此并不是一个价值中立的事件。模拟-我(the analog-I)在个人和他或者她的经验之间充当了一个缓冲器,但是它远远不只是大脑皮层组织结构上的一种细微差别(尽管它也可能就是如此)。模拟自我的出现不亚于是自由选择传统的开端,而西方的道德和个人责任观念正是建立在这一开端基础之上的,[3]这一开端也产生出了个人不可侵犯这样顽强的意识,就像我们先前看到的

---

〔1〕 卡尔·普利布拉姆(Karl Pribram)曾向我指出,杰恩斯的解释当中,一个非常重要的空白是他没有认识到字母表(the alphabet)的发展在自我概念的任何类似形式出现过程中的重要意义。沃尔特·昂的论述当中也提出了类似的批评(参见第二章 35 页注释 2)。

〔2〕 Jaynes, *Emergence of Consciousness*, pp. 141-175.

〔3〕 弗洛姆的分析特别强调了希伯来思想(Hebraism)对自由个体的塑造程度。

那样。随着模拟自我而来的是叙述(narratize)[1]的能力,以“思想之眼”“看待”自己的能力,以及尽情享受这种能力带来的势不可挡的丰富经验的能力。但是模拟自我的出现,同样为个体(个体现在能够“看待”他或者她自己)创造了一种深刻的道德律令。就像我们将看到的,逐渐地,自我开始承担起曾经由神明的精神形象(mental images of gods)发挥的作用:为人类行为的动机以及正当性提供支撑。由此,个人对其自身行为所负担的沉重的、甚至是 33
(特别是在现代)孤独的责任,就和人类经验的丰富性(有意识的自我概念使这种丰富性成为了可能)一道产生了,而依靠外在指示物来承担这种责任的能力则日渐削弱了。

在我们离开模拟-我(the analog-I)在古代世界中的出现这个问题时,也许值得指出的是,在杰恩斯的讨论和第一章里提到的关于个人主义的一个分析之间,存在着最终的一致。就像我们在那里曾看到的,科林·莫里斯认为个人主义的核心是以“在我的存在与其他人的存在之间的一种明显差别……的心理体验”为基础的。杰恩斯把模拟自我描述为产生于个人思想当中,而且是以个人大脑神经学上的转变为基础的。除了一组具有关键性价值的评论(然而这些评论更广泛的含意却没有被杰恩斯发掘出来)之外,这种描述和莫里斯的描述似乎并无共同之处。

在名为“意识如何产生”(How Consciousness Began)的一个简短章节中,杰恩斯提到,“当强制性的暴力把来自不同国家、有着不同神明的民族混合在一起时,这样一种观察——即很多陌生人,尽管看起来都像自己,却说着不同的话,有着相反的观点,而且行为方式也不同——就很可能导致一个假定,即在这些民族内部,有一些事情是不相同的。”杰恩斯较早的评论,即远离家乡的古代商人,也许会体验到一种两院制式的串话干扰(a kind of bicameral cross-talk),而这种串话干扰将会削弱他们本国神明的意见所具有的力量,并最终解除神明对社会的控制。“意识的起因是多重的,但是

---

[1] narratize 也是本书作者自造的一个词。——译注

起码我认为这并非巧合，即在其发展过程中（解除了神与个人之间关系的）那个重要国家（亚述），也同样是最大程度地从事和其他国家的商品贸易的那个国家。”[1]

无论个人首先推断出他或者她自己的意识还是其他人的意识，事实似乎都可能是这样：由杰恩斯详加叙述的关于差异的体验，促成了莫里斯所描述的对差异的认识，并由此大大加速甚至实际上导致了模拟自我的出现。这样一种可能性(a likelihood)是很重要的，因为它使这一事实变得甚至更加荒谬，即主体意识的发展，在现代竟至对个人产生出了如此深刻的一种隔离式的影响。而稍后，当我们试图发现主观个人主义（它是现代世界的遗产）本身从它自身的主体性所施加给它的这种隔离状态中产生出来的方
34 式时，这种可能性也许同样会对我们有所帮助。

---

[1] Jaynes, *Emergence of Consciousness*, pp. 217, 211. 杰恩斯指出，这一观点和哲学中由自己意识来推断他人意识的传统是冲突的，但是为了鉴别莫里斯的评论和杰恩斯的评论之间的一致，我们却无需解答这个问题。此外，就像杰恩斯本人指出的，他的观点在很多方面和乔治·赫伯特·米德(George Herbert Mead)这些人的观点是类似的。米德把自我意识看做是各种社会力量的产物，而不是严格的个人力量的产物，参见下面第八章。

第三章 基督教

基督教填补了破碎而乏味的古代世界里的一个空白，人们已经为这一事实提供了充分的证明。比如，莫里斯指出，在公元前第一个千年那些逐渐衰败的年月里发生的“主要城市以及帝国政府疆土的扩展”（首先是在希腊人治下，随后是亚历山大大帝治下，最终则是在罗马人治下），“消解了很多……传统单位”（比方说家庭和城邦）。[1] 这样一种社会衰败，无疑往往会迫使个人不得不依靠他或者她自己的资源，自我成了一种主要的生存方式。但是在这里，从这种趋势中得出一些笼统的结论，对于我们更深入地理解个人主义的谱系依然没有多大帮助。迪蒙对一些人的批评是有道理的，这些人把个人主义视为如此理所当然，以至于“它可以毫无困扰地被普遍认为是希腊城邦衰落以及亚历山大治下的世界获得统

---

〔1〕 Morris, *Discovery of the Individual*, p. 13. 麦克尼尔（W. H. McNeill）谈到了“一大群在文化上无依无靠的个体，他们发现自己在心理上和已经确立起来的宗教和文化价值是疏离的”，而在这些宗教和文化价值当中，“那些伟大而且确实震惊世界的传统却找到了肥沃的土壤”（*The Rise of the West*, New York: Mentor, 1963, pp. 364-365）。保罗·约翰逊（Paul Johnson）从一种更积极的角度描述了这一相同转变（*History of Christianity*, p. 7）。

一……的结果。”[1]

我们所需要的，是对从古代到基督教世界的转化如何以最终导致了个人主义兴起的方式改良了自我有一个更详尽的理解。而这里，尽管杰恩斯再一次只是稍稍提到了基督教，他的分析却为我们提供了一种方法，运用这种方法，我们就可以理解这一转变是如何发生的。

杰恩斯认为，对于模拟自我(the analog self)的出现有巨大贡献的一个历史发展，是书写方式的出现(杰恩斯非常恰当地把它描述成一种隐喻的工具[a kind of metaphoric tool])，[2]特别是法典的撰述。比方说，汉谟拉比法典(the Code of Hammurabi)在促使
35 古巴比伦民事结构保持稳定的同时，也使权威具体化和客观化了：在服从一度完全建立在一整套结构——这套结构被内化到了几乎是无意识的地步——基础之上的那些地方，成文法典赋予“神的话语以一种**可控的定位**(a *controllable location*)，而不再是一种人们直接服从的无所不在的权力。”在希伯来传统中，法律的撰述具有同样的作用。杰恩斯写道，《申命记》(Deuteronomy 34:10)谈到摩西(Moses)之后的先知再也没有谁和耶和华有过面对面的联系，至少部分程度上是当时律法已经被撰写出来这一事实所起的作用。“橱柜的真正名字是约柜(the ark)，因为一些载有书面话语的书版……都说明了相同的一点……即对于曾经不得不说出来的事情现在可以保持沉默了，并且刻在一块石头上以便能够被直观地接受。”[3]

---

[1] Dumont, *Essays on Individualism*, p. 28.(中译参见[法]路易·迪蒙：《论个体主义：对现代意识形态的人类学观点》，25页。——译注)不幸的是，迪蒙马上草率地得出了另一个无益的结论。参见上文，第一章。

[2] Jaynes, *Emergence of Consciousness*, p. 176. 也请参见 Ong, *Orality and Literacy*.

[3] Jaynes, *Emergence of Consciousness*, pp. 208, 302.

最终，律法本身变成了希伯来传统的全部基础；[1]它是亚伯拉罕(Abraham)和他的上帝之间存在的更神秘、也更加无法言表的誓约(the Covenant)之客观化的外在形式。然而，在公元前第一个千年之末，法律已经变得僵化了；文士(the scribes)和法利赛人(the Pharisees)的控制使誓约——无论是已经书写下来的还是未曾说过的——变得模糊，并且以极其相同的方式使神远离了普通人。一千五百年以后，根据路德(Luther)和加尔文(Calvin)的说法，基督教的上帝则已经被教士和主教们弄得更加遥不可及了。

但是法律传统在以色列王国内外被完全确立为希伯来人宗教和文化生活的基础，是道德问题进一步客观化的一个步骤，是一种复杂化和精致化的过程；就其所达到的抽象水平而言，这种复杂化和精致化促进了探讨和争论，尽管在名义上，这是为文士和法利赛人所保留的一种作用。当同莫里斯以及其他人所描述的社会压力、个人与上帝之间关系的僵化，更不用说希腊理性思想的影响结合在一起时，探讨和论争的这种动机——"为自己考虑"(thinking for oneself)，我们也许可以这么称呼它——就变得越发强烈了：它使人们重新检视道德行为的性质，这种道德行为通过使自我成为道德宇宙的中心，已经引发了认识论景观的一次彻底重构。

关于这种转变是如何发生的，杰恩斯并没有提供一个详尽的说明，他仅仅提供了一个能使我们获得一种一般看法的概要陈述。

> 这里的一个全面探讨将详细说明，由耶稣所尝试的犹太
> 教改革，对于有意识的人来说，何以能够被解释成一种必然
> 的新的宗教。行为的变化现在必定是从新的意识里，而不是 36

[1] 保罗·约翰逊谈到，"在某种意义上……律法就是上帝"(*History of Christianity*, p. 14)；也请参见托马斯·希汉(Thomas Sheehan)《初临：上帝之国是如何变成基督教的》(*First Coming: How the Kingdom of God Became Christianity*, New York: Dorset, 1986, pp. 35-38)一书中名为"从历史到法律"(From History to the Law)的讨论，以及弗洛姆的《你们应该像神一样》(*You Shall Be as Gods*, pp. 41-46)。

> 从那些由外在来塑造行为的摩西律法当中产生。罪和补赎现在处于有意识的愿望和自觉的悔罪范围里，而不是在十诫所规定的外在行为以及教堂供奉和群体惩戒的补赎当中。将要重新获得的天国是心理上的，而不是身体上的。它是隐喻的，而不是精确的（literal）。它是“内在的”而不是外在的。[1]

这里所提到的基本模式是非常清楚的。首先是随着律法的撰述，其次是随着一种成为了文化根基的法律传统的发展，一种“沉浸于情感经验当中”的宗教（a religion of“immersion”）[2]——前摩西时代的犹太教（the Hebraism）——演化成了一种关于主体意识的道德。最终这一根基变得陈旧了——也许就像较早时候的两院制宗教，在莫里斯、迪蒙和麦克尼尔（McNeil）所谈到的那些深远的社会变化的促进下——一种新的形式产生了，这种新形式反映了一种甚至更加复杂的模拟自我（analog selfhood）。

在解释基督教对个人主义的贡献时，路易·迪蒙（就像莫里斯一样）非常强调刚刚出现的基督教传统的出世特征，他有些令人困惑地指出，基督教的东方遗产使它强调“出世”生活（并非此世的生活）而损害了“入世生活”（此世的生活），即强调要使个体的自足永存。尽管弃世——也许最好还是以心理学的术语理解成延迟的回报（delayed gratification）——在基督教当中扮演了重要角色，但是把它当做基督教对个人主义的首要贡献却只是讲述了故事的一半。因为基督教作为西方世界的支配力量出现，同样，以及甚至更加重要的是，包含了模拟自我的进一步的演化过程——特别是通过它所引入的隐喻化、空间化和世俗化的方式。

和它之前的传统相比，基督教传统更加私人化和个体化的性

---

[1] Jaynes, *Emergence of Consciousness*, p. 318.

[2] 这里的“immersion”指的是沉浸于宗教信仰的情感体验，而非后来演化出的更具反思性的哲学体验，为免生歧义，采取了意译的做法。——译注

质，是它能够得到充分证明的另一个特点。[1] 但是除了在福音书里所暗示的、显然刚出现不久的心理想象之外，[2]我们必须承认，基督教传统在形成这样一些特点（杰恩斯把这些特点归结于意识的出现）的过程中，采取了一些新的步骤。因此基督教本身在最终赋予我们现代意识及其个人主义偏好（bias）的分层化（layering）过程中，代表着另一种力量。

隐喻化的才能，例如，在福音书的一些寓言里呈现出一种新的比例关系，当虚构的叙述不仅成了文士和法利赛人，而且也成了普 37
通人能够依靠他或者她自己的想象来关注道德问题的手段时。单单这一特点也许就足以使基督教传统因为其革新性而引人注目，它使得模拟自我采取了下一个步骤，就我们的目的而言，也是最关键的一个步骤。新出现的自我使个人不再沉浸于经验当中，它使个人开始反思这一问题，即什么是他或者她可以或者不可以做的。这种新出现的自我在很大程度上仍然依靠外在规范（律法）作为指引，但是现在它要根据那种就一个行为“正”“误”与否自行做出判断的能力来评价了。基督教并没有废除成文法，但是它确实使之成为了一种有些多余的人造物；福音书当中真正的道德行为并不是源自外在的法典或者声明，而是源自自我所具有的区分是非的

---

〔1〕 参见，比方说 Morris, *Discovery of the Individual*; Dumont, *Essays on Individualism* 和 *the Encyclopaedia of the Social Sciences* 里的讨论；也请参见 John E. Smith, “The Individual and the Judeo-Christian Tradition”, 载 *The Status of the Individual in East and West*, ed. Charles A. Moore (Honolulu: University of Hawaii Press, 1968).

〔2〕 这种观点在一些现代翻译中显然更加明显，比方说，在把《马太福音》(Matthew 6:18)翻译成“你在暗中处所里的父”(your Father who is in the secret place)而不是“你暗中的父”(your Father who is in secret)的地方 (*The New English Bible*, New York: Cambridge University Press, 1961)，强调了一种意识空间，而不是教堂(the temple)作为敬拜的场所。也请参见 Elaine Pagels 的讨论“Gnosis: Self-Knowledge as Knowledge of God”, 载 *The Gnostic Gospels* (New York: Vintage, 1981).

固有能力。

然而，基督教同样采取了其他一些步骤，我们可以认为，这些步骤增加了个体的模拟词汇场(the individual's analog lexical field)的重要性和复杂性，并且最终增进了对于自我的强调。在"天堂"作为一种关于完满(completion and fulfillment)的心理状态的局部隐喻出现的时候，宇宙比例(cosmic proportions)的空间化过程出现了。尽管其他宗教可能也有一些关于空间化来生(a spatialized afterlife)的初步特点，但是却没有哪个宗教使它变得如此易于为普通人接近，或者如此直接地同他或者她培养一种精确的是非感——后来的基督教神学称之为良心的东西[1]——并遵循它的意愿相关。和神沟通过程的内化取代了先前敬拜的物质场所，比如神庙，尽管它并没有完全放弃"敬拜之所"(place of worship)，却通过使自我成为上帝的容器而进一步强化了模拟自我的空间维度，与此同时还使之精神化了。[2]

基督教同样增进了模拟自我的世俗化特征。它不仅设置了一个来世，把存在夹在来世自身和诞生之间，由此强调了个体生命的短暂，而且为人类历史本身确立了一个尽头：末日审判。在末日审判时，天地创造(Creation)将会完成，并把自身消融于不朽的光荣大赦(the glorious oblivion of eternity)当中。希伯来人的历史传统，作为在誓约以及救主弥赛亚(Messiah)有些含糊不定的应许之下的、一种谱系相连而且结合紧密的事件的演替，由此转化成了一
38 套相当合逻辑的连续的阶段过程——创造-誓约-道成肉身/救赎-再临，这套连续的过程把人类历史和神的目的联结起来并赋予了它意义。[3]

---

[1] 随时光流逝，基督教很多这样的特点都呈现出了它们更完全的空间化和世俗化形式，当早期基督教启示的法典化和精细化过程出现的时候(参见下面的第四章)。

[2] 参见第53页注释2。

[3] 麦克尼尔写道，"观点上普遍的历史性(historicity)同样使基督教引人注目……基督徒们把天地创造、道成肉身和末日审判看做是一些独特的事

当然,所有这些要素都是围绕着一个单一前提展开的,这个前提本身只有在经过长期的争执与辩论之后才会被完全承认,这个前提就是关于圣父和圣子之间关系是**本体同一**(*homoousios*)的解释——即耶稣本身是完全神圣的以及与上帝是一体的这种信念。杰恩斯写道:

> 几乎和扬布利科斯[1]教导把神明引入雕像或者教导年轻不识字的沙漠隐修者[2]"分有"神性并且和神具有一种"共同能量"的同时,阿塔纳修斯[3],亚历山大里亚这位充满竞争精神的主教,也开始为目不识丁的耶稣主张同样的事情。基督教的救主弥赛亚因此被看做**像**耶和华一样,一位神人(a demigod),也许半神、半人,反映了他那种被假定的出身。但是阿塔纳修斯说服了君士坦丁(Constantine)和他的尼西亚公会议(Council of Nice),从那以后,耶稣**分有**了(*participated*)耶和华,而大多数基督徒都是**同样的**质料,两院制的道成了肉

(续上页注)件,这些事件为普通的世俗(terrestrial)人类生活提供了意义和希望"(*Rise of the West*, p. 368)。希汉(Sheehan)从一种非常现代的观点谈到这个问题时,批评基督教把他认为是耶稣真实的、也更永恒的启示(Jesus' real, more timeless message)历史化了(参见 *First Coming*, pp. 221-227);无论如何,由基督教引进的宇宙年表(the cosmic chronology)是杰恩斯称谓叙述化(narratization)的一个明显例子(参见 *Emergence of Consciousness*, p. 65)。

〔1〕 扬布利科斯(Iamblichus,约 250-约 330),新柏拉图主义哲学学派的重要人物,该学派叙利亚分支的创始人,企图把宗教诸说混合的异教所有的一切礼拜仪式、神话和神祇都包括进来,发展成为一种神学,是新柏拉图主义者当中第一个用巫术和魔法来取代柏罗丁的纯精神的和灵智的神秘主义的人。——译注

〔2〕 原文是 katochoi,按照作者的解释,katochoi 指的是早期基督教时期,地中海地区(常常是在沙漠里)的隐修者。——译注

〔3〕 阿塔纳修斯(Athanasius,约 293-373),也译为亚大纳西。古代基督教希腊教父,325 年出席尼西亚公会议,反对阿里乌;328 年任亚历山大城主教,在 45 年主教任内,几乎一直与阿里乌派在三位一体教义上论战。认为圣子由圣父所生,而非被圣父所创造;圣父与圣子同性、同体。——译注

身(the Bicameral Word Made Flesh)。[1]

在这里,我们再一次看到了自我的一个新层次的出现:超越性的层次。这一层次无疑是通过基督的位格而间接(vicariously)体验到的。但是模拟自我仍然不仅把自己归结为区分善恶的固有能力,而且也归结为分享神性的潜能。

这种潜能是通过从耶稣范例(the example of Jesus)中所获得的暗示而确立起来的,它只有在个人历史的尽头才能完全实现,这一事实并没有削弱它在模拟自我(analog selfhood)发展过程中所做出的贡献。因为现在,意识为个人提供了选择的能力,区分是非的能力,以及扩展开来,也提供了能够**促进**他或者她自己与神沟通之能力的那种潜能。

以一种更世俗和更具心理学意味的眼光来看,基督教传统的这一特点完全是对模拟自我继续其扩张进程——我们今天也许会称之为"自我实现"——的一种授权。因为模拟-我(the analog-I)在荷马与摩西传统中出现时,似乎一直是新兴人类自我的一种相当无意的扩张,在希伯来法律传统(以及也许希腊的理性体系)中,模拟自我(the analog self)接受了一种有些被动的责任,即作为已经把神圣法典客观化和具体化的结果而做出选择的责任,而在基
39 督教传统里,自我则窃据了精神主动性的力量。个人不仅能够选择行善,他或者她也能选择在质和量上变得**更好**,也就是说,在与神的沟通中更加具有精神性,也变得更加完全。[2] 此外,构成了耶

---

[1] Jaynes, *Emergence of Consciousness*, p. 346.

[2] 在这个问题上,尽管我并不熟悉《旧约》学术圈(the Old Testament scholarship)的看法,但是看起来,比方说,《旧约》中善的性质(the nature of goodness)似乎比《新约》具有一种更加静态的性质。这并不是因为《旧约》忽略了善的等级(magnitudes of goodness),而是因为《新约》在很大程度上比《旧约》更能正确地判断人类行为的各种复杂性,并由此给据以判定性格特征(quality of character)的"比例相应增减法"(sliding scale)的可能性(实际上,几乎是必要性)留有余地。

稣哲学的心理模式基础的逻辑[1]所具有的含意，非常接近当代心理治疗的含意。因为在最纯粹的基督教传统中，一个人也是通过扩展其神圣的潜能来做“上帝的工”(the work of the Father)：通过更充分地实现其(精神性的)自我而变得愈加完善。[2]

我们无疑正聚焦于一个心理洞见的实质内核，这个心理洞见形成了基督教的一些核心假设。早期基督教只不过是一种纯粹自我实现的宗教，就像当代心理学不过是对绝对主观放纵(subjective license)的一种治疗。然而，基督教传统所据以建立的那些假定——特别是如果从人类心理史的广泛背景内部来看的话——表明，这些假定本身在梭伦关于模拟-我的个人感受(the individual's sense of the analog-I of Solon)的发展过程中、或者在巴比伦人和希伯来人撰制神法的过程中是极其重要的。就像我们今天所知的那样，我们可以说自我已经通过基督教的这一假定——即个体“更高级自我”的培育构成了精神上的完满——被授权去做道德判断。如果我们已知，在人类迄今为止的自我观念史上，自我的词汇场在维度和复杂性上的每一次增长都产生出了一个“更高级的”自我的话(也就是说，在这一自我里，道德动机的推动力是以比它之前的自我要大得多的心理复杂性和微妙性来表达的)，那么发现自我的发展过程越来越集中于注意力(attention)和主动性(initiative)就一点也不会令人惊奇了。

我们在奥古斯丁(Augustine)的著作里(也许并非偶然，是在尼西亚公会议上**本体同一**的力量胜利后不久)，以一种引人注目的形式看到了基督教贡献的真正影响——杰恩斯也许会称之为“自我的外在授权”(authorization of the self)。[3] 就像约翰·弗雷切罗

[1] 原文是 Jesus' psychological logic，按照作者的解释是 the logic of the psychological model which underlies Jesus' philosophy 的意思。兹按后者译出。——译注

[2] 然而，这一传统在后来的教会神学中却不一定持续了下来。参见 Pagels，“Gnosis”.

[3] 参见 Jaynes，*Emergence of Consciousness*，chap. 1，book 3：“The Quest for Authorization”.

(John Freccero)指出的,奥古斯丁的《忏悔录》(*Confessions*)“像它属于5世纪那样,也属于20世纪”,因为在不少地方,它都暗示了“作者自我的复苏”。弗雷切罗说,《忏悔录》代表了第一个“既能看做是主观的也能看做是客观的个体在文本上的自我创造”。[1] 换句话说,在《伊里亚特》未能揭示出一个清晰可辨的自我以及《旧约》稍后的章节里仅仅由作者的自我对生活进行冥想的地方(就像在《传道书》里),《忏悔录》却“授权批准了”一个新的自我,我们几乎可以称之为对模拟自我的模拟(an analog for the analog self):
40 作为一种人类行为模式而被创造出来的一个理想化的自我。

这一新授权的自我和它的产生确实深深地植根于早期基督教传统当中,它们并不是我们在近代文献中发现的为了自我的缘故而产生的自我创造(the self-creations for self's sake)。正如保罗·约翰逊(Paul Johnson)所言,奥古斯丁强调了人类对上帝的依赖,所有授权都是从上帝那里散发出来的。[2] 但是就像弗雷切罗指出的,“近代文献中”很多“关于自我的讽喻……在避开其神学主题时,却借用了其皈依式叙述(conversion narrative)的结构,或者揭示了其不可能性。”[3]奥古斯丁的《忏悔录》并不是历史,它是个人体验,以一种引发了自我观察和理想化事物的方式加以提炼和组成。奥古斯丁作为一个作者回忆起奥古斯丁这个人,觉察到这个人的生活是怎样导致了精神自我的出现,而这种精神自我是作为作者的奥古斯丁现在拥有并试图超越的。基督徒的自我外在授权(self-authorization),就其文学形式而言,变成了在某种叙事中

---

〔1〕 John Freccero,“Autobiography and Narrative”, 载 *Reconstructing Individualism*, ed. Thomas C. Heller *et al*. (Stanford: Stanford University Press, 1986), pp. 116-117.

〔2〕 Johnson, *History of Christianity*, p. 122. 伊莱恩·帕戈斯(Elaine Pagels)在她的《亚当、夏娃和魔鬼》(*Adam, Eve, and the Serpent*, New York: Random House, 1988)里详尽地展开了这一论点。

〔3〕 Freccero,“Autobiography and Narrative”, p. 21. 也请参见杰恩斯关于奥古斯丁的评论(*Emergence of Consciousness*, p. 2)。

产生出一个新的自我的能力,《伊里亚特》里的头脑无法想象的一种行为,却因为耶稣所传讲的比喻性的精神再生而变得可能了,[1]奥古斯丁接受了这种比喻性的精神再生,现代小说的作者们则常常因为迥然不同的目的而使用了它。

此外,我们可以看到,在奥古斯丁的叙述成为一种忏悔(忏悔是完成先前的自我向精神自我转化的一种表达行为)的方式中,自我授权(人们也可能称之为"自我表露"[self-revelation])所暗含的道德意义,特别是在这种新创造的自我所具有的理想化的性质当中。根据弗雷切罗的说法,"在一种单一的转向过程中,具体化的自我(the reified self)导致了作为**征兆**的自我(the self as *sign*)"。新创造的自我并不仅仅是文学技巧或者一种令人愉悦的美学创造:在《忏悔录》中得以重塑的自我是一个道德的试金石,通往精神自我实现之路上的一个路标。即使在制度化的基督教世界里,完满的精神化至死才能被自我获得,但是对精神自我发现过程(早期基督教里的"皈依",后来的"彻悟"[awakening])的强调本身,就是对道成肉身和救赎的一种讽喻式的再现,这种强调将自我稳固地确立在了道德风景的显著位置。奥古斯丁微妙地但是却显而易见地揭示了由基督教所引发的认识论的内在转变,而在他把文学性自我创造成道德角色模式的时候,他不仅提供了"回忆性文学结构当中所有关于自我表达的范式",而且提供了一种手段——通过这种手段,后来一些对道德自我指称(moral self-referredness)的更加具有批评性的态度将会得到表达。[2] 41

不可否认,关于基督教对一种几近个人主义的自我概念之出现所具有的贡献的讨论,一直都忽视了人们在一些个人主义的分析里常常探讨的基督教传统的一个方面:即团体传统(the communal tradition)的重要性,特别是在基督教的早期岁月里。莫里斯非

---

〔1〕 也请注意耶稣在传讲他的预言时充满寓言的比喻性论述。

〔2〕 Freccero, "Autobiography and Narrative", pp. 22.(强调部分为引者所加), 17.

常正确地认识到,早期基督徒之所以能够从耶稣的性质中得出一些关于他们自身性质的推论,一个原因就在于基督徒和基督之间的关系并不仅仅是一种普通的个人对个人的(person-to-person)关系:“边界已经打破了……这并不是两种人格的关系,而是一种内在于另一种。既然信徒和基督是一体的,他因此也就和所有其他的信徒融为一体了。”[1]换句话说,个人和基督的融合不仅赋予个人以精神上的正当性,它也使他和所有其他经历了同样融合的人成为一体了。

莫里斯写道,“早期基督教思想里的这种要素,强烈地改变了(modifies)……个人主义……但是相对来说,它在西方教会里,几乎一直没有受到关注。”[2]他后面的评论无疑是对的,但是如果我们想要确定这种“强烈的改变”(severe modification)所具有的潜能是否具有某种我们以前没有认识到的影响的话,对这个问题,我们就应该发掘得更深入一点。

首先,重要的是,我们不应过分强调基督教当中团体情感的独一无二性。就像我们已经看到的,古代世界是非常团体化的。在古代世界的环境里,部落和国家构成了社会的上层建筑。希伯来人(耶稣就出现在他们中间)本身的态度就几乎完全是团体化的,以至于他们同时代的人常常把他们看成是与世隔绝和冷漠旁观的——在反犹主义的一些微妙形式中,这一遗产今天仍然存在。[3]而且既然基督教受到人们欢迎,部分程度上是因为帝国的扩张开始把个人隔绝于他或者她一直都很熟悉的某些团体成员的身份之

---

〔1〕 Morris, *Discovery of the Individual*, p. 11.

〔2〕 Ibid., p. 12.

〔3〕 参见 Sigmund Freud, *Moses and Monotheism* (New York: Vintage, 1939), p. 134; 也请参见弗洛姆的评论,即“《塔木德》中的圣贤(the Talmudic sages)和他们的继承者……并不希望,甚或想要世界上其他国家采纳犹太人的信仰”(*You Shall Be as Gods*, p. 41)。(中译参见[奥]弗洛伊德:《摩西与一神教》,李展开译,北京三联书店,1989 年,第 94 页。——译注)

外,团体性一直是它公认的特点之一,应该就没有什么好奇怪的了。

我们应该承认的是这一事实,即基督教传统的团体特点并不特别具有革新性。实际上,我们可以说,和一些较早的传统(在这些传统里,就像我们所看到的,团体性特点被基督教引进的对个人具有深刻变革性的一些态度抵消了)相比,它一直都要弱得多。然而,如果我们聚焦于这种团体性适应人类自我概念演化的方式的话,我们会发现一些重要的暗流,这些暗流不但没有抑制基督教的 42
个人主义革新,反而有助于这些革新的广泛传播。就像我们先前看到的,莫里斯和杰恩斯都感到,个人之间的区别和差异感促进了自我意识的出现,而这样认为也许同样是合理的,即大家共有的团体行为构成了人们察觉区别和差异事实的背景。

杰恩斯写道,“两院制”社会是由他们对一个权威领袖——最终表现为一个或者一些神的形式——的意见的严格忠诚凝聚起来的,而这些社会的崩溃促成了模拟-我(the analog-I)的出现。当然,团体性的联结并不是不存在了,倒不如说,作为个人由以体验生活的工具,它们开始失去压倒性的支配地位。但是无论如何,它们仍然是现代世界各民族间很多区别和差异的源头,而且对于刚出现的自我来说,和“人格”这样的细微差别比起来,这些跨文化的差异可能更容易被人辨认出来。因此,这样认为也许是公允的,即文化和社会作为一些保守的力量在起作用(也许很大程度上是以和弗洛伊德所描述的群体之形成相同的方式),它们强调不同民族间的差别,并使这些民族之间保持了实质性的距离。[1]

因此,古希伯来人的独特之处,就在于他们坚持认为耶和华是唯一的“真”神。大多数社会都接受其他社会有他们自己的神明;在征服时期,他们也许会试图消灭这些神明,但是他们从不质疑这些神明的正当性:民族间的差异——以及因而他们所敬拜的神明

---

〔1〕 参见 Freud, *Group Psychology and the Analysis of the Ego*(New York: Norton, 1959).

之间的差异——是事物本性的一部分。但是由于坚持认为一个上帝监督着所有民族,希伯来人开始了一个消灭宗教基础的过程,因为大多数差别(如果不是所有差别的话)都建立在这一基础之上。基督教只不过把这个进程又推进了一步。

精神在基督里的交流非但没有限制基督教传统中个人主义化(individualization)的范围,实际上还扩大了它。因为它消除了古代世界最强有力的一个团体性特点:一个人由于自己群体所归属的不同神谱而感受到的差别。[1] 随着这一认同标准被所有精神间的交流排除在外,个人主义化的潜力无法估量地增加了,而那种可
43 能性,即个体"人格"的细微差别,而非社会和文化的区别,将会变成导致差异的原料,也无法估量地增加了。

此外,通过不同寻常地强调它接受任何承认其基本原则的人加入教会的热心,以及每个成员使非信徒改宗或者皈依的责任,基督教进一步发展了。[2] 这种传教热情,不仅对基督教在西方和在整个世界的胜利而言,以及(一旦基督教原则转化成社会、政治和经济态度的话)对一种更私人化和个体化的一整套态度和行为的传播而言,都将具有深远意义。

---

[1] 基督启示(Christ's message)的这一特点能幸存下来,在很大程度上是由于保罗(Paul)坚持认为无需在早期教会中采用摩西律法(Mosaic law),由此开启了非犹太人的皈依过程;参见 Johnson, *History of Christianity*, pp. 35-43; McNeill, *Rise of the West*, p. 370. 伊莱恩·帕戈斯同样阐述了正统基督教对诺斯替"异端"的反对在消除教会精神分化方面所发挥作用的程度,教会里的这种精神分化尽管增加了被拣选的少数人的个人主义的潜力,却把大多数信徒降格为第二等的身份,并由此使得保罗劝说人们改宗的努力变得更加困难。实际上,帕戈斯证明了,诺斯替教徒所假设的通往基督教真理的潜在的无政府主义路径的失败,是怎样使这种真理的个人主义内核更广泛的散布成为可能的,尽管由此付出了失去其一些更微妙的特征的代价,参见 *The Gnostic Gospels*, especially pp. 138-142.

[2] 参见 Neill, *The History of Christian Missions* (London: Pelican, 1986).

关于基督教对西方文明里形成中的自我概念的贡献，我们可以把我们的分析总结如下。通过撰制法律所表达的行为道德法典的客观化过程（externalization），成了希伯来人当中的法律传统的发展基础。只要人们在他们原来依靠先知和预言家们的地方能够获得这些道德法典，该法律传统就会继续朝着更大程度地依赖个人这个方向演化。然而，当文士和法利赛人通过为自己保留解释法律的权利而披上权威的外衣时，这一法律传统本身就变得僵化了，并且远离了普通人。

当这种僵化同家庭、国家这些社会形式的崩溃以及希腊理性主义的影响结合在一起时，就会导致对先前传统的激进分离：一种确立了个体自我的精神性以及自我判断是非能力的宗教。和神沟通方式的内化，像天堂这样"一些地方"的方位化（the localization），以及个人和人类历史同宇宙统一体（a cosmic continuum）的世俗化，所有这一切都不仅代表着对个人内在道德和精神潜力更大程度的强调，也代表着（特别是由于那些对隐喻能力提出的要求而产生的）个人词汇场复杂性的增长。此外，当基督教传统的这些特点，在增进和神交流的能力的过程中，同它们对个人主动性角色的含蓄承认结合在一起的时候，就导致了"自我授权"的可能性：一种"更高级的"自我发展起来了，而这种发展是以同样分有了神性的自我所固有的那些要素的培养为基础的。

换言之，个人主义的基础——个人是真理的最终决断者这种
信念——是由基督教稳固地建立起来的。杰恩斯所追溯的模拟-我 44
（the analog-I）在古代世界的出现，导致了后来的具有自由决定能力的（discretionary）自我，这种自我有能力做出道德选择；做出道德选择的能力加速了书面法律的客观化，这本身就为这样一种个体——这一个体不仅想要为他或者她自己做出选择，而且也想要发现在正在出现的自我和他或者她所做出的选择之间存在某种一致之处——的出现提供了可能性。

基督教为发现自我和道德秩序、个人和神之间的一致提供了基础，而在这个过程中，它确立起了个人主义可以据以建立的一些

前提。那些能够为自己思考和选择以及对他们自己的精神特性——无论这种精神特性在和属神的巨大神性(the vast divinity that is God)的关系中看起来是多么微不足道——深信不疑的个体,都很可能采取下一个普罗米修斯式的(Prometheus)[1]步骤,并为他们自己在道德宇宙的中心窃据到他们的"正当的"(rightful)
45 位置。

---

[1] 普罗米修斯(Prometheus)是希腊神话中的神,因从天上盗取火种给人类而触怒主神宙斯,被锁在高加索山崖受神鹰折磨,但他始终坚毅不屈。因此,"普罗米修斯式的"(Promethean)这个词就带有"富有创造和反抗精神"的含义。——译注

第四章　中世纪和文艺复兴

在历史中发现模式的诱惑是撩人的，但又是危险的。一方面，它提供了发现一些宏大结构的可能性——这些宏大结构可以向人类喜剧的参与者解释这一喜剧；另一方面，它也伴有一种危险，即这些模式将提供一种过于精巧的人为体系，这些体系会抹平那些非常粗糙的、但是却可能为历史——以及生活——增色的棱角。这里的探讨并不打算发现这样一些宏大的模式。但是，我们也不可能不为这两个时期之间存在的诸多相似性感到震惊。这两个时期即杰恩斯发现模拟-我出现的时期，以及紧随着因为基督教而变得可能的、能够自由决定和外在授权的自我诞生的那个时期。

这两个时期无疑有着不同的秩序：前者代表着人类自我概念的最终出现；后者代表着自我概念向道德和精神的——以及最终心理的——自我创造的容器的演化过程。然而，这两个时期都同样开启了一个进程，它们将把伴随着新秩序的"一些规则"（这些规则促进了这种新秩序的引进）统一化，以及最终法典化。这后一个相似之处，为我们理解从奥古斯丁到加尔文这段时期，怎样使西方文明采取了把自我置于道德宇宙中心舞台的最终的个人主义步骤提供了钥匙。

就像紧随模拟-我出现的那些世纪见证了关于行为模式的法律（law of patterns of behavior）逐渐客观化的过程（根据杰恩斯的观点，这实际上一度是自发的），紧随基督教诞生之后的那些世纪代表了早

期基督教一直建基于其上的那些直觉真理(the intuitive truths)的客
46 观化过程。基督教隐喻性的特点(这很大程度上是耶稣在谈到“父”和“上帝之国”这些事物时所使用的寓言和比喻性语言的产物,耶稣既是因为它们的诗性力量和它们易于为普通人接受才使用了这二者),成了一个宏大的神话结构据以建立的基础,这个结构为早期基督教提供了更加容易传播的讯息,由此确保了基督教的革新将会传播开来,并扎根于一个比它最初时要广阔得多的领域当中。

塔尔苏斯的扫罗(Saul of Tarsus),即后来的保罗(Paul),是早期教会当中这一过程的主要创制者,这一点已经被人们详加讨论过了——既从他为基督教传播所做的工作方面,也从他对基督教最初讯息的诗性纯洁(the poetic purity)所造成的损害方面。[1] 但是其他人(其中有奥古斯丁和阿塔纳修斯)也以这样一种方式——即一开始尽管是革命性的、但只不过是相当简单的哲学态度,后来则变成了一种非常复杂的、几乎迷宫似的神话——促进了耶稣教义的发展。通过使用各种各样的手段,从理性谈论到圣战,一些粗糙的棱角(比方说早期基督徒关于基督复临和最后审判即将到来的最初期望)被抹平了。在基督复临这一应许中所暗含的世俗化内容被转变成了一种关于宇宙史的更宽广的视角,而这对普通人来说几乎是不可理解的。个人和神的沟通在心理上的内化尽管没有被消除,但是在宗教实践中,却逐渐被一种在一个神庙似的“教堂”里的带有方位化的敬拜仪式(the localization of worship)所取代了。最终,曾经以比喻(parable)为基础的神秘主义,变成了一种具有广泛力量和影响的体系化和制度化的宗教。[2]

但是,我们一定不要忽略这一事实,即这样一些发展尽管可能冲淡了耶稣本人见解的诗性(the poetic)以及甚至精神性的强度,它们却并没有消除耶稣的见解在个人考虑他或者她自己的方式中

---

〔1〕 参见 Johnson, *History of Christianity*; Dieter Georgi, *Opponents of Paul in II Corinthians*(London: T. & T. Clark, 1986).

〔2〕 关于这一点,一个引人注目的详尽阐述(现在已经是非常普遍的观点了)是 Thomas Sheehan, *First Coming*.

所造成的一些根本转变。对于世界历史上前所未闻的最终的改宗过程(proselytization)来说，统一化和法典化只不过是一些工具，这一改宗过程本身还携带着一些种子，这些种子将在它最繁盛的时候产生出个人主义。在基督教促进了自我概念演化的更重要的征兆出现以前，与基督教传统的出现相伴随的地中海世界的大变动，同基督教发展中心从古地中海世界到欧洲的逐渐转移一道，经过
了几百年的时间，但是这些征兆最终不仅出现了，它们还在个人主 47
义时代的入口确定了人类的位置。

就欧洲中世纪反思关于个人的那些看法出现时所采用的方式，科林·莫里斯提供了一幅详尽的画面，这些看法由于基督教的诸多变革而成为了可能，而且它们把西方引向了一种完全个人主义的精神结构。莫里斯提供了很多例子，用来说明中世纪是如何表达对个人化关切和态度的同情(a sympathy)的：当时的作品越来越多地提到自我，抒情诗里的情感表达，心理洞察力的发展，自传和肖像画的出现，以及把布道作为一种自我发现的方法。稍稍留意一下这些特点中的几个，将会使我们更充分地理解，基督教的这些新事物，何以不仅变成了哲学或者宗教的一些方面，而且变成了继承了基督教传统的人们所共有的社会和文化环境的特点。

莫里斯提到了，中世纪的一些哲学家是怎样反思德尔斐神庙的劝诫“认识你自己”的。一点也不让人惊奇，奥古斯丁的著作成了一种传送装置，正是由于他的著作，中世纪才能够把一句前基督教时期的格言结合到基督教神学当中去。“有谁比一个藐视关于自身知识的人更可鄙呢?”索尔兹伯里的约翰(John of Salisbury)[1]在1159年问道。和他产生共鸣的是里沃尔克斯的艾尔雷德(Aelred of Rievaulx)[2]：“一个人要是连自己都不了解的话，他又能知道些什么

---

[1] 索尔兹伯里的约翰(约1115或1120-1180)，中世纪著名拉丁语学者，政治理论家。——译注

[2] 里沃尔克斯的艾尔雷德(约1110-1167)，英格兰著作家、历史学家、杰出的基督教西多会隐修院院长，对中世纪英格兰、苏格兰和法兰西的隐修院制度有重要影响。——译注

呢?”他们都反映了奥古斯丁的观点:“(灵魂的)上帝是内在的……除非通过她[1]自己,她不可能成功地找到他”。[2]

此外,这些评论并不只是以抽象陈述表达的高傲情感。在中世纪那些发表这些评论、并因此证明个人已经开始获得他或她应得之尊敬的人的行为里,它们找到了自己的方向。比方说,当传教士既试图向他们的听众解释上帝的真理、又同时试图体验在前一章里提到的自我表露的过程时,个人经验在布道当中的使用(它依然遵循着奥古斯丁在《忏悔录》中的样子)就变得普遍了。诺让的吉贝尔(Guibert of Nogent)[3]写道:“在我看来,没有什么布道比向自己表露一个人,并在他内在的自我当中,也就是说,在他的头脑里,取代那些一直被投射在外的东西(what has been projected outside)更有好处的了;这会令人信服地给他找到一个位置,就如
48 同在他自己眼前的一幅肖像画里那样。”[4]这里又一次是对模拟自我的模拟(the analog of the analog self):被重造和外在授权的自我,这个自我,就奥古斯丁来说,并不是作为个人生命的转化和救赎所由以产生的一种单纯的自叙行为(a single act of self-narratization)出现的,而是作为正在进行中的自我分析和自我表露的日常实践的结果出现的。对于吉贝尔这些人来说,自我并不只是模拟-空间(analog-space)(就像它对希伯来人来说的那样),甚或是符号(就像它对奥古斯丁来说的那样):它处于成为这样一个对象——即日常省查和再创造过程的对象——的最早期的阶段当中。

就莫里斯指出的中世纪对个人的其他一些看法而言,有一点是显而易见的,即中世纪并不代表着一种完全客观化的自我的出现。比方说,中世纪的抒情诗就表露了一种自我表达的需要,这种

---

[1] 查阅莫里斯原作,此处的她当指灵魂本身。参见 Morris, *Discovery of the Individual*, pp. 66.——译注

[2] Morris, *Discovery of the Individual*, pp. 64, 66.

[3] 诺让的吉贝尔(1053-1124 年),12 世纪法国著名的神学家和历史学家。——译注

[4] Ibid., p. 67.

自我表达(如果有的话)在情绪和语气上都是非常主观的。

思想的颤抖平衡
容易倾向于相反的方向,
爱是纵欲以及适度的贞洁。
但是我将选择当前我眼见之物,
因此我高兴地把我的颈项屈向
那奴役我的最甜蜜的爱人。[1]

这几乎肯定不是莎士比亚式的、揭示爱恋心灵内在活动的尝试,也不大可能把它描述成现代客观敏感性(the modern objective sensibility)的一种表现。此外,像"颤抖地获得了平衡的思想"这样一些很容易被相反事物弄得摇摆不定的观念,不能不让读者想起现代自我观念的矛盾(ambivalence)、紧张和二元性。

在其他诗歌里,圣经形象的人格化,很多就像杰恩斯描述的,缺乏我们今天所谓的个体自觉人格(individual self-conscious personality)的特征,这些形象的人格化是中世纪正在出现的个人主义偏向(bias)的一种明显征兆。在大卫(David)就他的朋友和支持者约拿单(Jonathan)之死短暂地(杰恩斯很可能会说,也是非常恰当地)表达个人悲痛的地方(撒母耳记下 1:26),达勒姆的劳伦斯(Lawrence of Durham)[2]表达了一种悲痛,这种悲痛预示着就丧友之痛所做的罗曼蒂克式的表达。

失去了这样一个朋友,

---

[1] Ibid., p. 68.(原文是:The trembling balance of the mind / Is easily to opposites inclined, / Love's lechery and modest chastity. / But I will choose what I see now, / And so my neck I gladly bow / To take that most sweet yoke upon me.——译注)

[2] 达勒姆的劳伦斯(Lawrence of Durham,约 1110-1154),英国北部达勒姆郡的诗人和隐修院院长。——译注

我孑然一身,该怎么办?
以后再也不会有这样的朋友,
49 以前也不曾有过。他是我的力量,
我的依靠,让我感到慰藉的欢乐。
亲爱的朋友,我灵魂的组成部分,
我感到我真实的自我已经因你的死亡而最悲痛地分裂了。[1]

就像莫里斯所说的,这些诗引人注目的特点是,“它们非常直接地表达了个人想法”。[2]

中世纪对个人的看法最有启发性的两个方面,也许是那些涉及个人生活道德性质的方面。中世纪见证了对忏悔过程中反省(self-examination)的重要性的新的极大强调,以至于就像莫里斯指出的,“当时的神学家们强调忏悔不是基于教士的赦罪,不是基于教会的等级制度,而是基于个人的真诚。他们中大多数人坚持认为,赦罪只不过是宣布了由于罪人的善良意图而由上帝早已赐予的宽恕。”如此强调个人自身思想状态在罪之赦免过程中的关键作用,只不过是在个人道德自足的实际主张当中消除了一片阴影。上帝在罪之赦免过程中的参与无疑仍然绝对是最重要的,教士的赦罪也更为可取——尽管人们认为,如果找不到一个被授圣职的教士的话,向平信徒忏悔也是可接受的。然而,教皇亚历山大三世(Pope Alexander III)的声明,即“罪因心灵的悔悟而得赦免”,相当于使个人在精神得救的问题上变得自力更生。[3] 教会后来在宗教改革时期被指斥的口是心非和自私自利,目前还没有到这样一种程度,以至于人们会质疑外在的补赎,但是毫无疑问,能够唤起真

---

〔1〕 原文是:What shall I do, / Deprived of such a friend, alone? / There never shall be afterward his like, / Nor was there such before. He was my strength, / My rest and my consoling joy. Dear friend, / Part of my soul, I feel my very self / Most bitterly divided in your death. ——译注

〔2〕 Ibid., pp. 69, 70.

〔3〕 Ibid., p. 73.

诚悔悟态度的个人已经把救赎掌握在了他或者她自己手里。

莫里斯指出，对我们所谓的心灵悔悟这件事情的强调，源于对意图在个人行为当中重要性的认识。明谷（克莱尔沃）的圣伯尔纳(Bernard of Clairvaux)[1]认为，“属灵的生活开启了信徒的意图，因为他将之看做是从因为自己的缘故而爱上帝到因为上帝的缘故而爱自己的一种提升。”这样一种观念，和中世纪对自我认知的强调结合在一起，就使得一种关于个人行为的心理方法呼之欲出了。确实，尽管中世纪的心理状态是强求一致的，[2]并且以奥古斯丁式的“朝向上帝的精神活动”为基础，它仍然是个人将会作为被关注的对象而盛行起来的另一种明显征兆。[3] 此外，既然对个人意图 50
的强调使轮廓鲜明的善恶问题变得模糊不清，自我因此就被听任其自行其是，特别是根据它自己的判断来做出道德决定。

这么说也许并不算夸大其词，即就个人在道德决策中的作用而言，中世纪看法的最后两个特征，代表了对真正的基督徒的被外在授权自我的神化(the apotheosis)，这两个特征就是——把罪之赦免确立在个人的真诚当中，以及在决定人类是否有罪时要考虑个人意图的作用这种心理学的理解所具有的复杂性。因为在把莫里斯所谓的“新心理学”中暗示的精神复杂性和精神得救的能力

[1] 明谷（克莱尔沃）的圣伯尔纳(1090-1153)，基督教西多会修士，神秘主义者，在政治、文学、宗教等方面对西方文化有重大影响。——译注

[2] 原文是 procrustean，也可音译为“普罗克拉斯提斯式的”。普罗克拉斯提斯是古希腊传说中的强盗，他抓到人后，放在一张铁床上，比铁床长的就砍去长出的部分，比床短的，则强行拉长，后来被提修斯用同样的手法杀掉。因此，“普罗克拉斯提斯式的”这个词表示“使用暴力使人服从的，强求一致的”的意思。——译注

[3] Ibid., pp. 74-75, 76. 也请参见埃里希·弗洛姆在他的《逃避自由》(*Escape from Freedom* [New York: Avon, 1969], p. 91.)一书里关于中世纪“（个人的）完整自我的表达的合法性”(the legitimacy of the expression of [the individual's] whole self)的评论。（中译参见参见[美]埃里希·弗洛姆：《逃避自由》，刘林海译，国际文化出版公司，2007年第2版，第52页。——译注）

(capacity)(如果不是力量[power]的话)归于个体的过程中,[1]中世纪最终把精神更新和道德辨别的力量转让给了个人。个人因此被完全外在授权了,就像他或者她在根据那个犹太木匠[2](一千年前,是他让事物运转起来)的简单而具有深远影响的教义而发展起来的神话里那样。一种完全而真实的个人主义——即个人是所有真理的裁断者的信念——的出现,缺乏的只是一种世俗化的影响,一种将会把上帝完全抛弃或者至少会使他变得如此遥不可及,以至在个人的真理探求过程中几乎没有或者根本没有意义的东西。但是在采取这一步骤之前,在个人走上被完全内在授权的自我确证(fully empowered self-validation)之路以前,西方文明似乎举行了一个个体的成年庆典,一个我们称之为文艺复兴的时期。

可以有很多方法来看待文艺复兴:看做是一次文艺的繁荣;看做是科学方法的诞生;看做是封闭思想和迷信的漫漫长夜之后启蒙思想的回归;看做是一个政治才干和暴政交替更迭的时期;甚至看做是现代世界的一个先兆。这些观点都含有真理的要素,但是如果它们声称自己是关于文艺复兴的真实意义的最终论断的话,它们就都错了。关于文艺复兴时期个人作用(或者,就像该书作者所说的,文艺复兴在个人发展中的作用)的最完备的探讨,雅各布·布克哈特的《意大利文艺复兴时期的文化》(*Civilization of the Renaissance in Italy*)一书,也有这个问题。

科林·莫里斯和沃尔特·厄尔曼(Walter Ulmann)所做的工作已经表明,今天已经不可能再像布克哈特一个多世纪以前那样
51 说,"在中世纪,人类意识的两方面——内心自省和外界观察都一样——一直是在一层共同的纱幕之下,处于睡眠或者半醒状态。这层纱幕是由信仰、幻想和幼稚的偏见织成的,透过它向外看,世界和历史都罩上了一层奇怪的色彩。人类只是作为一个种族、民族、党派、家族或社团的一员——只是通过某些一般的范畴,意识

[1] Morris, *Discovery of the Individual*, pp. 76-79.

[2] 即指耶稣基督。——译注

到自己”。[1] 然而，布克哈特作品的缺陷在很大程度上是修辞方面的(rhetorical)。在试图分离和理解个人在文艺复兴中的作用、以及文艺复兴在个人发展过程中的作用时，布克哈特创造了一些人为的范畴(既然他是一个新领域的开拓者，这在一定意义上还是可以理解的)：中世纪的单调一致和文艺复兴灿烂的多样性。在批评和个人发展相对立的、中世纪教会一些傲慢的趋势时，他进行了肤浅的变相毁谤。而在把文艺复兴描绘成一个无拘无束的个性时代时，他无谓地创作了一些带有英雄色彩的图画，以说服别人赞成自己。[2] 不过，如果我们能够体谅布克哈特的讨论在修辞上的那些极端状况的话，我们就仍然能够辨认出关于这个时期的一个还算准确的描述——在这个短暂的时期里，历史为自我提供了沐浴在成就之光下的机会。

文艺复兴并不完全是一个独一无二的历史时期。我们可以恰当地把希腊的黄金时代描述为另一个这样的时期，在这个时期里，杰恩斯的模拟-我(analog-I)力量的加强和酝酿，使另一个庆典时刻成为了可能，这一次是一个关于纯粹的存在意识(the mere consciousness of existence)的庆典。就本研究的目的而言，文艺复兴的独特性在于，它展示了对存在之**完满状态**(the *fulfillment*of existence)的赞颂——特别是因基督教一千五百年前的出现而变得可能的、那种外在授权自我的完满，而以这样的方式，它为我们所知的近代个人主义打下了基础。

从一开始，当我们要对文艺复兴在个人主义出现过程中的作

---

〔1〕 Jacob Burckhardt, *The Civilization of the Renaissance in Italy* (New York: New American Library, 1960), p. 121.(中译参见[瑞士]布克哈特:《意大利文艺复兴时期的文化》，何新译，商务印书馆，1979 年，第 125 页。——译注)也请参见 Walter Ullman, *The Individual and Society in the Middle Ages* (Baltimore: Johns Hopkins University Press, 1966).

〔2〕 参见纳塔莉·泽门·戴维斯(Natalie Zemon Davis)在她的“Boundaries and the Sense of Self in Sixteenth Century France”一文中对布克哈特的评论，载 *Reconstructing Individualism*, ed. Heller *et al*.

用做出我们自己的评价时，我们就应该从布克哈特的讨论所具有的缺陷当中吸取教训。因为我们已经看到，尽管在人类的发展过程中有一些门槛，就像两院制头脑的崩溃或者基督教的出现，但是却很少有能够划分绝对范畴的一些清晰的分界线。因此期待个人主义在文艺复兴时期突然而又醒目地出现就是一个错误。相反，
52 我们期待的，是由基督教的出现所开启，由早期教会系统化并加以巩固和传播，并且由中世纪带来显著发展的那个过程的延续。实际上，在文艺复兴时期，我们发现的恰恰是这一点。

文艺复兴可以被看做是基督教传统外在授权的自我实现其全部潜能的时期，其中的一个结果就是创造力在艺术和文学上的爆发，另一个结果是探索和发现自然世界和人类自身的渴望，第三个结果则是一种宽容和接受最广泛的差异和多样性的意愿。实际上，外在授权的自我在文艺复兴时期被引领到了其力量的成熟期，而它所由以出现的背景——基督教传统本身——同时也处于其力量和影响的巅峰时期。这一传统不久就受到了一些深刻裂痕的影响，这些裂痕永久地并且无法挽回地改变了基督教传统，也改变了西方文明的面貌。但是在外在授权的个人以及个人所源出的这种传统共同占据优势的这个时期里，个人成就展示出了一种广泛而令人眼花缭乱的灿烂景象。

布克哈特分离出了文艺复兴的很多特性。这些特性和莫里斯在中世纪识别出来的那些特性相类似，以其丰富性和多样性为特点，只不过在中世纪，它们更多地代表着对将要出现的事物的一种预示。例如，在中世纪诗歌这个有时会表现出令人出乎意料的成就的领域里，对内在自我的描述在文艺复兴时期达到了它真正的繁荣期。就像布克哈特所说的，13 和 14 世纪的诗歌产生出了“一大批对内心生活(the life of the soul)有着奇妙预言和独到描绘的作品”；但是无韵诗(the versi scotti)，或者说十一音节无韵诗(blank hendecasyllabic verse)的出现，产生出了“一种真实的情感……一种对内在构思力量(the power of the inward conception)的信心”，而这是中世纪那些较生硬的拉丁语形式不可能做到的。

后来在谈到但丁(Dante)的十四行诗时，布克哈特写道："主观感受在这里有其充分客观的真实和伟大……他以一种完全客观的精神来写作，并且流露出了只是通过外部事实来表达的情感的力量"。[1] 诗歌本身证明了这一点。如果我们把布克哈特提到的但丁的十四行诗和中世纪的抒情诗加以比较，或者如果我们把我们关于文艺复兴的概念扩展开来，以便把莎士比亚的作品包括在内的话，我们马上就会因为内在自我被文艺复兴的视角所无限夸大的程度而感到震惊。这么说并不夸张，即最初的模拟-我已经变成 53
了一个欢迎人们去探索和发现的，广阔、复杂而丰富的独立世界。

布克哈特认为，一些行为是文艺复兴时期对待个人的方法所特有的，而很多这样的独特行为把注意力集中在这种探索和发现上。他写道，关于个人的一些口头描述，带着对人类自然体验许多细节更强烈的情感，继续在细枝末节问题上驻足。在引用薄伽丘(Boccacio)[2]的《亚梅托》(*Ameto*)时，布克哈特写道："在宽广开阔的前额(*la spaziosa e distesa*)这个字里边，含有一种超过优雅漂亮的庄严仪表的感觉；眉毛不是像拜占庭人的理想当中的双弓，而是一条波状的线；鼻子看起来像鹰钩；宽大饱满的前胸，长短适度的两臂，放在紫色披风上的美丽动人的手——所有这些都预示了未来时代对美的理解"。[3] 他随后接着讨论费伦佐拉(Firenzuola)关于女性美的冗长论文，这本身就是关于外表美(physical appearance)的一个细节概要。

---

〔1〕 Burckhardt, *Civilization*, pp. 226-228.(中译参见[瑞士]布克哈特：《意大利文艺复兴时期的文化》，第 303-307 页。——译注)

〔2〕 薄伽丘(1313-1375)，意大利诗人、学者，和彼特拉克一起为文艺复兴时期的人文主义奠定了基础，所著《十日谈》最为人称道。他的作品《亚梅托》(或译《爱弥多》)由田园曲、基督教的讽喻和小故事集组成，享有第一部以意大利语撰写的田园诗的美誉，也被人们赞为"小十日谈"。——译注

〔3〕 Ibid., p. 250.(中译参见[瑞士]布克哈特：《意大利文艺复兴时期的文化》，第 340 页。——译注)

外表并不必然和自我的内在生活直接相关，除非对它的关注告诉了我们一些关于自我的东西。在这里，莫里斯是富于启发的，因为他指出，在肖像画里，“欧洲艺术在罗马帝国衰落之后的几个世纪里，更关注的是等级和身份，而不是记录个人的特征”。莫里斯提到了很多例子——这些例子在很大程度上是对以前一直作为“理想”艺术形式的事物的“个人化(personalization)”，并得出结论，“12 世纪见证了向更加个人化的肖像处理过程的明显转变，人们开始越来越多地展现关于外貌和个性的特定细节。在某些圈子里，艺术家已经获得了真正的个人肖像画。”[1]

在这里，我们看到了绘画当中从理想化的一般视角(idealized, universal perspective)向个人主义化肖像最早期形式的转变，在这些个人主义的肖像画里，个人的实际特征占据了比理想化的表达更优先的位置。在这个过程中，文艺复兴再次延续了中世纪就已经开始的这种转变，并使之趋于完成。布克哈特令人惊讶地对“人类形象(the human figure)的艺术研究”保持了沉默，认为这属于艺术史，而非文明史。[2] 但是其他很多人对文艺复兴关于人类形体(the human form)的魅力则滔滔不绝，把它奉为美的实质力量，并且把它作为决定采用何种视角的基础。[3] 在那些早期阶段就已经以高度程式化的艺术表达使他们自己感到满意的地方(就像莫里斯指出的，常常表现为一幅基督显灵的画像，而不是个人外貌的描
54 绘)。文艺复兴大胆地以写实手法来描绘个人，并且使人体成为了艺术美的基础。在这个过程中，它公开宣称了个人的至上性。

---

〔1〕 Morris, *Discovery of the Individual*, pp. 87, 95.

〔2〕 Burckhardt, *Civilization*, p. 249.(中译参见[瑞士]布克哈特:《意大利文艺复兴时期的文化》,339 页。——译注)

〔3〕 这一趋势可以追溯到维特鲁威(原文为 Vetruvius，当为 Vitruvius 之误，维特鲁威是罗马的建筑师、工程师，名著《建筑十书》的作者，创作时期在公元前 1 世纪——译注)这样一种古老信念的复兴，即就像肯尼思·克拉克(Kenneth Clark)指出的那样，“人体是均衡的典范”(man's body is a model of proportion)(*The Nude*[London: John Murray, 1973], p. 13)。

像莫里斯一样，布克哈特把对个人生活史的偏好看做是个人优势地位的另一个征兆。但是，在中世纪最初产生出自传——一些关于个人的自我表达（这些自我表达本身就是在奥古斯丁的模式之内做出的，并且把个体自我当成了叙述的主题）——的地方，文艺复兴迈出了真正的传记创作这一步：其他人写的关于某个人生活的记述。这在很多方面都具有重要意义。

首先，它通过把研究其他自我的生活，变得像中世纪一直进行着的、奥古斯丁自传式的自我省察方式那样正当，从而把个人进一步客观化了。其次，它有助于开辟探究个人的另一条道路，就像布克哈特说的，“探索非凡人物的典型特征是一种普遍趋势……（传记）可以自由地描写一个人，如果这个人不同寻常或者因为这个人不同寻常的话”。[1] 换言之，传记保留了奥古斯丁以及中世纪奥古斯丁的效仿者所预期的教育功能。与此同时，由于它现在能够研究一个个体的生活，而不是他或者她的忏悔和自我发现，它就使这种生活客观化了，并作为一个研究主题而赋予了它更大的正当性：个人作为一个完整的实体，而不是个人自我发现的过程，成为了人们关注的焦点。

个人生活的客观化有助于形成文艺复兴的另一个特点：声誉对个人的重要性。布克哈特认识到了这个特点，而根据莫里斯的看法，中世纪里就已经预示了这个特点。尽管莫里斯称之为“作者对其作品的自豪感”，[2]他从在坎特伯雷创作的一本圣诗集当中所摘取的引文，以及设计家爱德瓦恩（Eadwine）布置在他自己的一幅画周围的引文，却在自我表白：“我是作家中的王子；我的声誉和对我的称颂将会永世长存……人们将在你的作品中永远称颂你的声名，爱德瓦恩，人们将在这里，在画里，看到你。”

并不奇怪，文艺复兴时期个人生活会上升为他人的研究目标，

---

〔1〕 Burckhardt, *Civilization*, p. 241.（中译参见［瑞士］布克哈特：《意大利文艺复兴时期的文化》，第 325 页。——译注）

〔2〕 Morris, *Discovery of the Individual*, p. 85.

随之带来的，是个人寻求同侪认可在程度上的增长。这种寻求承
55 认的渴望很难说是文艺复兴时期的创新。然而，当我们记起，基督教传统中的“声誉”被限于作为为了上帝之荣耀的道德生活和斗争的副产品，以及它并不是任何人都能获得、而只是那些由于特殊的出生环境和社会地位的人才能获得的事物时，显然，文艺复兴时期对承认的渴望就有了值得注意的更大的重要性。因此，布克哈特指出，但丁“曾用他的全副精神力量来争取诗人的花冠”；“在但丁以后不久崛起的新的诗人学者很快就使他们自己成了这种新趋势的主人”，对名人出生地以及他们的墓地的崇拜由此产生了。毫无疑问，出现了像洛伦佐·德·美第奇(Lorenzino di Medici)这样被名声驱策到了极致的个人。就像马基雅维里所说，“有多少人如不能以丰功伟绩流芳百世，就力图以恶德丑行遗臭万年！”[1]

甚至愿冒着丑行的风险代价来追求名誉是文艺复兴时期的一个特点，就其道德结构因为致力于个人而造成的紧张程度来说，这个特点暗示了许多内容。人们当然可以把文艺复兴看做是某些过分的行为猖獗蔓延的时期——其中有野心、贪婪、虚荣和政治上的暴政。然而，就我们的目的而言，更重要的是去理解，文艺复兴时期对个人的膜拜是否决定性地改变了支持个人的那些道德支点，以至于恰恰破坏了它所建基于其上的、制度化的基督教道德秩序的基础。

布克哈特看来无疑是这么认为的。在他关于文艺复兴时期道德和宗教的讨论中，布克哈特描绘了一幅道德懒散和宗教衰败的景象。他引用谋杀、通奸、复仇、抢劫和政治上的放纵(political license)作为文艺复兴时期生活中一些几乎老生常谈的特点，并且在那些涉及教会制度化教阶制，以及教会成员的宗教实践已堕落成依靠那种往往接近迷信甚或信奉迷信仪式的地方，数落着教会的

---

〔1〕 Burckhardt, *Civilization*, pp. 128, 129, 364.（中译参见[瑞士]布克哈特：《意大利文艺复兴时期的文化》，第 136、137、149 页。原书注解页码[第 364 页]疑有误。——译注）

腐败。布克哈特笼统地把这种道德上的衰落归结为“极端的个人主义”(excessive individualism)，说“(文艺复兴)性格上的这一根本缺陷同时也就是构成其伟大之处的一个条件。”[1]但是在这里，尽管布克哈特描述的主要轮廓也许是可靠的，但是其细节却又一次缺乏精准性。

谈论文艺复兴时期的“个人主义”未免操之过急，这是因为，尽管个人也许实际上已经把道德决断的大部分责任据为己有，这种
据为己有也仍然没有采取系统的形式，而要把它描述为一种“主 56
义”，系统的形式却是不可或缺的一个条件。尽管文艺复兴时期可能已经实现了因基督教出现而已经确立起的个人道德优势的潜力，但是我们必须记住的是，这种潜力即使完全实现时也仍然内含于一个宗教体系当中，这个体系要求人们认同它的教义，以回报因为它而变得可能的对自我的外在授权。

即使就其纯粹的心理特点来说，基督教也没有把绝对的道德自由扩展到个人：它把个人作为潜在自立的(self-sustaining)道德行动者解放出来，而条件是他或者她归属于一种和上帝、基督以及教会共进退的生活。简单地说，个人主义的核心前提，即个人是真理的最终裁断者的信念，要求一种世俗化过程，尽管在各个主要方面，这种世俗化过程对很多人来说在文艺复兴时期也许就已经存在，但并不能说它已经渗透到了道德的前景里。恰恰是文艺复兴时期人们如此着迷的那些迷信——更不要说对圣礼和仪式的依赖，以及这个时期如此普遍爆发的宗教相对主义——说明了，文艺复兴时期还远远不是将必定会产生出一种真正的个人主义的世俗时代。

我们可以说，文艺复兴显然为世俗化进程的开始准备好了所有必要条件。它通过使人们如此强烈地致力于个人本身来实现这一点，而文明的社会、宗教、甚至道德构造都在竭力挤压这种个人。然而，完全外在授权的个人仍然大量依靠迷信、圣礼和仪式这些东

[1] Ibid., pp. 356-386, 320.(中译参见[瑞士]布克哈特：《意大利文艺复兴时期的文化》，第6编相关章节，第445页。——译注)

西，这一事实暗示，仍然还没有一个真正的主观个人主义据以建立的潜在基础。自我，即使完全掌控了自己的力量，仍然需要一个概念框架，这个框架不仅能够为它提供一些由于基督教传统而变得可能的自我外在授权的力量，而且也能提供真正的自我解放。这个框架的出现近在咫尺。但是在我们对这个框架作出分析之前，我们必须考虑，在莫里斯关于中世纪的讨论和布克哈特关于文艺复兴的讨论之间最终存在的相似之处。

在开始他关于中世纪里“寻找自我”(The Search for the Self)的讨论时，莫里斯写道：“中世纪哲学的一个核心问题是个体对象(the individual object, *unum singulaire*)和它所属的一般或者普遍类别(the general or universal class)之间的关系，而人性(hu-
57 manity)常常被人们当做这一争论中的一个例子。”坎特伯雷的安瑟尔谟(Anselm of Canterbury)[1]对神学采用了一种普遍主义的(universalist)方法，认为人之本性的普遍性(the universality)使基督在十字架上的舍身适用于所有罪人。但是莫里斯告诉我们，“阿伯拉尔(Abelard)[2]和现代个人主义离得更近，不仅就他关于拯救的观念而言，也就他对一些普遍概念的拒斥而言。‘尽管人们说苏格拉底和柏拉图在人性上是同一的，但是当所有人在质料和形式上显然都彼此不同的时候，我们又怎能接受这种观念呢？’”莫里斯认为，阿伯拉尔的个人主义倾向也许源于这一事实，即“他关于人的实际体验……影响了他的逻辑”——这是一个迷人的猜想，当我们记起伊恩·瓦特强调“个人体验的真实性”(truth to individual experience)是18世纪的个人主义偏好(bias)的特点时。[3] 在这里，

---

[1] 坎特伯雷的安瑟尔谟(1033或1034-1109)，或译安瑟伦，欧洲中世纪经院哲学家、神学家，实在论的主要代表之一，被人们认为是最后一名教父和第一位经院哲学家，上帝存在的本体论证明和苦行赎罪理论的创始人。——译注

[2] 阿伯拉尔(1079-1142)，中世纪法兰西经院哲学家和神学家，反对安瑟尔谟的实在论。——译注

[3] Morris, *Discovery of the Individual*, pp. 64, 65.

重要的是指出这一事实，即阿伯拉尔是从普遍主义的传统中产生出来的（这种传统把一般类别看做是特殊对象的代表物[a representation]），并且在向我们也许会称作正在出现的个人主义传统的事物前进：把特殊对象当做是一般类别的代表物。

这和文艺复兴时期传记的出现所代表的发展差不多完全相同，尽管在这一场合，普遍主义/个人主义转变的重要性已经变得更加突出。就像我们已经看到的，当个人被允许用来代表团体时（就像当个人传记因为其本身有趣并且具有教育意义而得以发表时那样），我们就把自我客观化了。而这种客观化过程和迄今为止一直支配着自我出现的主观化过程形成了鲜明对照。这种对照值得我们予以关注。

我们先前把杰恩斯的模拟-我出现以前的时期描述为一种“沉浸于情感经验当中”的时期。在这个时期里，体验是整全的（total）和无意识的。随着模拟-我的出现，主体意识使个人根据体验来反省自身成为了可能：自我成了反省发生的“处所”。但是这种主体意识并不一定就**自身**进行异常广泛的反省：无论他们共有怎样的相似之处，而且这些相似之处可能会有很多，俄狄浦斯（Oedipus）也不会是哈姆雷特（Hamlet）；前者的悲剧是对拯救的普遍而隐喻式的探求，后者的悲剧则是更加个人化的和存在主义的。换言之，尽管在主观上具有意识的头脑也许意识到了它自己，它却并不一定会把这种自我意识作为它所关注的对象；实际上，它也许根本就没怎么关注自己。

福音书无疑并没有仔细打量关于意识的意识（the conscious-
ness of consciousness），但是奥古斯丁却开始了。他创造了一个自 58
我——一种自然而然的客观化行为（an act of objectification in and of itself）。但是在他这么做时，却处于一个宗教传统当中，就像文艺复兴时期的个体也是处于相同的、虽然已衰落的这个传统当中发挥他们的个性那样。即使当我们从纯粹的心理角度来看的话，奥古斯丁的自我外在授权也仍然是内含在一个体系当中，这个体系使关于意识的意识（也就是说，意识到两个“自我”，忏悔前的自我和忏悔后的自我)变成了一种神学上的行为。只有过去的、忏悔前的自我是真正的对象,而这一自我的客观化过程也因为这一事实出现了,即在基督里的重生,解放了新的、忏悔后的自我,并给它提供了一个使它能够变得客观的背景。

文艺复兴时期的传记几乎完全放弃了奥古斯丁的神学背景。尽管奥古斯丁和他的中世纪效仿者的自传写出来是为了教育他们的读者,就像文艺复兴时期的很多传记那样,但是奥古斯丁的自传展现的是一个**历程**(*process*)。通过这一历程,个体开启了"朝向神的精神运动"。在文艺复兴时期的传记当中,被展示用来教育读者的却是个体(他或者她)自己。这些个体是虔诚的(godly),这一点曾经被大家认为理所当然,但是事实仍然像布克哈特所说的那样,"探索非凡人物的典型特征",而**非**他们中某个人借以向神靠拢的过程,才是关注的焦点所在。[1]

就像我们已经看到的,文艺复兴发生时的宗教背景是如此强大,以至于不允许我们把传记描述为关于意识的意识。但是通过使个人而非过程成为关注焦点所展示的客观化的程度,和文艺复兴时期的传记脱离了奥古斯丁式叙述的主观忏悔室(the subjective confessional)这个事实一道,指向于一种发展,随着一个真正的主观个人主义时代的到来,这种发展将会具有重要意义。

因为与此同时,西方文明似乎正迈向一种越来越高程度的主观个人主义,它似乎形成了一种把关于意识的自我意识(the self-consciousness of consciousness)客观化的平行趋势。就像先前提到的,莎士比亚是文艺复兴时期的一个产物,但是这个产物却是在朝向个人生活世俗化的转化已经开始出现以后才到来的;莎士比亚不仅代表了自我内在生活范围的扩大,他的作品也揭示了一个关于意识的意识传统(a tradition of consciousness of conscious-
59 ness)开始了,这个传统最终会通往康德、浪漫主义者、现代心理学

[1] Burckhardt, *Civilization*, p. 241.(中译参见[瑞士]布克哈特:《意大利文艺复兴时期的文化》,第325页。——译注)

以及现代反个人主义的那种气质。

显然，这是一个可能会让人感到迷惑的发展。因为如果模拟-我的诞生开启了一个过程——通过这个过程，主体意识开始演化和发展，扩展其领地，并把做出道德判断的力量据为己有——的话，那么客观化的趋势又是源自何处呢？这是一个可能比个人主义的起源问题更复杂的谱系学问题。〔1〕 就目前而言，这么说也许就够了，即意识的出现和发展，似乎一直是沿着由我们称之为"沉浸于情感经验当中"的事物所开始的一条轴线而发生的，它随着模拟-我的出现而迈向主体性；并且最终实现了"客观性"。这种客观性并不一定就是当我们提到一种能确保更大精确性的态度时所指的那种客观性（尽管这可能也包括在内），而是我们借以摒弃（relinquished）——也许用"摆脱"（shed）这个词更好——主观性的一种态度，这种态度支持人们有意识地去了解先前主要是主观经验的那些事物。〔2〕

至此，读者应该已经清楚，本章把从基督教早期历史到文艺复兴结束这段很长的时期（超过了 1000 年的时间），描述为人类自我

---

〔1〕 在本质上，人类的客观化趋势是随着自我之外的世界而开始的：那些曾经威胁人类、吸引人类或者完全被人类忽略的"对象"，开始受到小心的审查——一旦科学方法发展起来，则是日益系统化的审查——因为日益增长的自信促使个人相信他或者她的观察和分析力。自我本身不可避免地成了系统审查的对象。然而，就像我们下面将会看到的（第七和八章），对自我的审查具有扩大自我领地的奇妙作用，甚至会在它进行探究的时候，在迷宫里产生出一些新的出入口。由此，关于自我的"绝对的"客观性就变成了一种绝对不可能的事物（a kind of mathematical impossibility）。

〔2〕 实际上，我们也许走得太远，以至于提供了沉浸于情感经验当中-主观性-客观性这样一条轴线（the immersion-subjectivity-objectivity axis），作为我们迄今为止在个人主义的谱系当中所看到的很多事物的一种范式：个人曾经沉浸于其中的身体体验，给主观意识——关于体验的意识——让开了道路；最终，主观意识本身又给客观性——一种慎重的，或者说经过了深思熟虑的关于体验的意识——让开了道路，而客观性本身仿佛已经成了今天个人沉浸于其中的一种模式。

概念并未发生根本转变的时期。尽管这一主张似乎令人难以置信，但我们应该记住的，是我们在讨论中确认的先前的两个转变——即模拟-我的出现和外在授权自我的解放——之间经历了大致相同的时间长度。尽管人类自我概念中所有种类的变化，也许都是在从奥古斯丁时代到米开朗基罗时代这段时间里发生的，但是在前二章里确认的那些根本性的转变却并非如此。

但是把这段时期，特别是中世纪和文艺复兴，看做是一个单独的时期是必要的，这有两个理由。首先，把个人主义看做是像雅典娜一样(Athena-like)，[1]以某种方式源于某个辉煌时期的发展过程存在一种危险，这会要求我们突出这两个时期的相似性。我们这里所涉及的是人类史上一个长时段，但是在这个时段里，人类的自我概念史，特别是由于它预示了个人主义，在很大程度上是一个
60 随基督教传统的开端而引发的一些观念联合、孕育和结果的时期。没有什么比布克哈特把中世纪描述成一个人类意识"如处梦中"的时期更令人误解的了。相反，中世纪是这样一个时期，在这个时期里，第一颗嫩芽已经出现在了树梢，而到文艺复兴的时候，这棵树将会枝繁叶茂。

此外，和表明这段时期的连续性同样重要的是有必要表明一点，即这段时期是怎样以一种个人会理解他们自身的方式，为一个真正带有根本性的新转变——一种在真正主观个人主义的时代里将会展示出来的转变——铺平道路的。因为中世纪和文艺复兴代表着一个决定性的时代。在这个时代里，西方文明将会在制度化基督教的基础上建立起它的认识论根基。确实，自我解放步伐将会释放出世俗化的力量，至少在一开始，这种力量会呈现出宗教运动的所有外貌。这些外貌中的很多留存到了今天，尽管当它们试图针对困扰着现代世界的那些疑问而把现代世界掩饰起来时，常常会表现得像游丝一般纤细。不过虽然如此，在16和17世纪发生

[1] 这个短语的意思，就好比中文说"像孙悟空从石头里蹦出来"一样，因为希腊神话认为雅典娜没有母亲，她是从宙斯的前额跳出来的。——译注

的那些伟大的宗教变动，仍然将会对西方传统的世俗化，特别是在个人对他或者她自己的看法方面，产生最重大的影响，而这种世俗化将已经几乎确保了作为个人主义而为我们所知的一种信仰体系的出现。 61

第五章　宗教改革

在前面几章里，我们已经看到了个体的自我概念是如何从模拟自我（the analog self）发展到外在授权的自我（the authorized self）的。模拟自我是杰恩斯谈到的最初的、具体化的自我概念；而外在授权的自我则通过暗含于基督教里的那些假定，被授权去正确地判断宇宙中更高级的善，并且，无论怎么没有把握，接近这种善。这些阶段都不能代表我们可以恰当地称之为“个人主义”的阶段，因为尽管二者显然都含有后来会成为个人主义的一些看法的根源，但是二者却都没有自始至终使个人把对是非善恶的绝对判断权据为己有。这一步要等到我们也许可以称之为“内在授权的自我”（the“empowered self”）的事物的出现。[1] 宗教改革使这一自我的出现成为了可能。

把宗教改革描述为已经确立了一个基础，而西方文明能够在这个基础上建立起一种完全世俗化的认识论，这看起来也许有些吊诡。我们也许可以自问，在自我向这样一种信念——即自我本身就具有对关于真理的终极问题进行裁断的能力——演变的过程

---

〔1〕 the authorized self 和 the empowered self 是本书的关键概念，按照作者的解释，前者仍然需要某种源于其他来源（比方说宗教、政治）的同意和批准，而后者则无需外在的同意和批准，它本身就是其正当性的来源。本书意译为“外在授权的自我”和“内在授权的自我”。——译者

中，宗教改革是怎样使个体摆脱了另一种信念，即真理是从某种超自然的根源里流散出来的呢？更明确地说，宗教改革是怎样使我们把自己的道德判断完全主观化，并授权自我去做那些一度为犹太-基督教的上帝所保留的事情的呢？

我们也许会认为，既然就像我们在第三章里看到的，基督教播
撒下了人类分有神性这一信念的种子，世俗化的过程则影响着这
一精神种子的成熟（这种成熟为文艺复兴赢得了声名），那么自我 62
就只不过是欢快而自信地迈入现代，成为一种完全自我内在授权
的个体。然而，我们同样也看到，文艺复兴在很大程度上并不代表
着一个转变阶段，即那些出自于基督教的、自我外在授权的力量
（the powers of self-authorization）巩固和成熟的阶段。尽管会有
一些自我内在授权（the self-impowerment）的迹象，但是自我内在
授权在文艺复兴时期并没有出现。因此，很少有人把宗教改革看做
是一个“成熟”期。实际上，人们常常用截然相反的语汇来描述它。

在《逃避自由》（*Escape from Freedom*）一书里，埃里希·弗洛姆（Eric Fromm）写道，“新教……教人鄙视和怀疑自己及他人；使人成为了工具而不是目的；它向世俗权威投降，并且放弃了这样一种原则，即如果世俗权力和道德原则相抵触，那么就不能仅仅因为世俗权力存在就被证明为合理”。弗洛姆对新教的分析是以他的一个信念为基础的，即宗教改革建立在焦虑和怀疑的基础之上，这二者都是由欧洲中世纪社会的社会和哲学结构慢慢瓦解造成的，而社会和哲学结构的瓦解很大程度上又是由“资本、个人经济上的能动性和竞争”日益增长的重要性造成的。尽管这些力量使个人体会到一些之前无法获得的自由，弗洛姆认为，它们真正的意义却在于这样一个事实，即它们使个人“被他个体的虚无和无助感吞没了”。[1]

结果，一种神学——新教——出现了，这种神学回应了人们对

---

〔1〕 Fromm, *Escape from Freedom*, pp. 120-121, 60, 81.（中译参见［美］埃里希·弗洛姆：《逃避自由》，刘林海译，国际文化出版公司，2007 年第 2 版，第 71、33、46 页。——译注）

更强烈的根基感(rootedness)的需要,并且同时默认了造成我们的无根基感(uprooting)的一些根本的社会和经济力量。不幸的是,弗洛姆写道,新教是以强调这一难题病态的一面、而非解放的一面来回应它所在时代的危机的。新教没有缓解由社会经济变化带来的这些焦虑,它在这些焦虑基础上建立了一些教义,这些教义“教导人们,只要完全接受这种无力感,承认自己的罪性;只要把自己全部的生活看成是一个赎罪的过程;只要完全贬抑自己,只要不懈努力,他就能克服自己的怀疑和焦虑”。[1]

弗洛姆这里的分析,就像他对古希伯来人的分析那样,是为了说明当代人类心理构造的一个特殊方面:弗洛姆希望巧妙地说服
63 我们相信宗教改革的一些特点,而这些特点可以深化我们对现代生存焦虑的理解。因此,他并不是宗教改革问题的权威——而宗教改革将使我们最好地理解新教传统的出现是怎样促进了自我的内在授权,尽管在分析这种授权的当代意义方面他还是有帮助的。不过弗洛姆确实提醒了我们,文艺复兴并没有开创一个美好感觉的时代(an era of good feeling)。布克哈特认为文艺复兴衰退成了“一些极端无节制的部分”,这是社会变动和分裂的开始,这种社会变动和分裂将会撕裂欧洲的社会、政治和宗教结构,这非常像杰恩斯提出的:当模拟自我出现时古代中东世界被社会变动所撕裂的情形,也非常像地中海世界在公元前1世纪末陷入混乱的状况。因此期待发现世俗化力量将出现于一种更大的无序、甚至于个体无助的背景之下也许就是明智的。

马克斯·韦伯的经典研究《新教伦理与资本主义精神》(*The Protestant Ethic and the Spirit of Capitalism*)恰好为我们提供了这一背景。它采用的是一种不像弗洛姆那样的经过精炼的(rarified)方式。韦伯对宗教改革之影响的分析,在很多方面不同于弗洛姆,其中之一在于他所采用的按年代展开的倾向。弗洛姆从过

---

[1] Ibid., p. 121.(中译参见[美]埃里希·弗洛姆:《逃避自由》,第71页。——译注)

去开始是为了说明现在，韦伯则接受了当代的现实，并试图追溯它们的先驱。特别是，韦伯想要发现西方资本主义（这种"带有自由劳动的理性联合的、有节制的资产阶级的资本主义"）的精神起源，以确定在西方历史上，是什么提供了"通过持续的、理性的资本主义企业活动来追求利润"这种特殊形式的资本主义所赖以建立的基础。[1]

韦伯的分析使他转向路德和加尔文的著作。这一点众所周知，我们在这里只需说明，这样一种分析路径，经由本杰明·富兰克林，把韦伯引向了一个事实，即资本主义的偏好（the capitalist bias）是一种"社会精神"（ethos）。资本主义的伦理层面源于路德的"天职观"（conception of the calling），这种"天职"和加尔文世俗禁欲主义的融合，为资本主义精神在西方的胜利创造了条件。[2]我们暂时还无需为韦伯所界定的资本主义的性质或者它的出现对于个人的意义操心，因为我们当前的目的是解开这一悖论，即一种本质上的宗教运动，何以会为一种被内在授权做出自己判断的、世
俗化的自我的出现留下空间。韦伯在他的研究中也面临着类似的 64
两难选择，他的答案是阐明我们自己的答案的关键所在。

韦伯不得不面对这样一个问题，即像加尔文主义这样具有深刻禁欲倾向的宗教，怎么会产生出一种精神，这种精神解放了这些物质主义的[3]内驱力并允许个人从事像"利润，并且是不断再生的利润"这样显然并非禁欲主义的追求。悖论的核心在于预定论（the doctrine of predestination），这种学说围绕着个人在神的安排中是

---

〔1〕 Weber, *Protestant Ethic*, pp. 24, 17.（中译参见[德]马克斯·韦伯：《新教伦理与资本主义精神》，于晓、陈维纲译，北京三联书店，1987年，第13、8页。该书另有康乐、简惠美译本，广西师大出版社，2007年。三联译本参照英文本译出，广西师大译本参照德文本译出，因为原作所引为英文译本，故中译参照也仅以三联译本为限。但广西师大译本中的"第二部新教教派与资本主义精神"是三联译本所没有的。——译注）

〔2〕 Ibid., pp. 51, 79-92, 95-183.（中译参见[德]马克斯·韦伯：《新教伦理与资本主义精神》，第36、58-68、71-144页。——译注）

〔3〕 原文为materialistic，或译"实利主义"、"物质中心主义"，和"唯物主义的"是同一个英文词，但意思不同。——译注

完全无力而且无关紧要的这样一种观点展开。“上帝不是为了人类而存在，相反，人类的存在是为了上帝……其他所有一切，包括我们个人命运的意义，都隐于冥冥神秘之中。我们绝不可能洞悉这种神秘，也不可能提出任何疑问……认为人类的善行或罪恶在决定这一命运时会起作用，就无异于认为上帝永恒不变、绝对自由的天命会因人类的影响而改变，这是一个于理不通的矛盾。”[1]

和关于人类努力毫无意义这种观点形成对照的是这样一种看法，即把上帝看做是完全遥不可及的，而人类则是完全无关紧要而又无能为力的。在加尔文主义当中，韦伯写道，“《新约》里所描述的那个天上的父，是如此有人情味和同情心……但这个上帝已经不存在了，取而代之的，是一个人类理解力无法企及的超越的存在，自亘古以来，他便以他那完全无法理解的旨意指派了每个人的命运，并规定了宇宙间最琐碎的细节。”[2]因此，韦伯写道，个人被迫进入了一种“空前的内心孤独”。在这种孤独中，没有谁能够提供帮助，教士、圣事、教会，甚至上帝也不能，因为“耶稣只是为了被拣选者而死的”。在这种根本的孤立状态中，这种看法被投射到了个人身上，我们于是不仅可以开始看到，对个人在日益增长的社会大变动中应该怎样感受这个问题有了反应(a mirroring)；也能看到，对宗教改革(作为对这种大变动的回应)怎样产生出一个内在授权的自我这个问题开始有了答案。

因为尽管它们并没有明确包含在关于个人毫无意义以及神意无法更改的教义当中，新教神学这些特点对于个人的含意还是清楚的：上帝是遥不可及，无法理解的。而我们也一定会得出结论说，他对人类日复一日的生活所面临的困境是无动于衷的。从这种认识到这样一种立场，只有短短的一步之遥。即如果个人真是
65 孤独的，那么就必须独自做出道德和伦理判断，而无须一种无论如

[1] Ibid., pp. 17, 102-103.(中译参见[德]马克斯·韦伯:《新教伦理与资本主义精神》，第 8、78 页。——译注)

[2] Ibid., pp. 103-104.(中译参见[德]马克斯·韦伯:《新教伦理与资本主义精神》，第 78 页。——译注)

何对个人的处境都漠不关心的超自然力量的批准。

但我们却无需得出这种纯粹推论性的论点，既然韦伯的分析揭示了自立的道德判断的飞跃，最终是作为加尔文主义理论结构的组成部分建立起来的。就像韦伯认为的，加尔文的追随者承认加尔文神学迫使其信徒落入了一种宿命论困境，并且努力避免在信徒当中助长一种被动的、寂静主义的[1]回应，他们并不想打开一些闸门，这些闸门之后便是将会扫荡西方的资本主义潮流以及与之相伴的个人主义潮流。

既不想塑造宿命论的基督徒，也不想把信徒吓得完全远离教会。贝扎(Beza)[2]这些加尔文的追随者，提供了一些关于预定论以及个人自己理解上帝之道能力的解释，这些解释使牧师的实际工作变得较为容易，也缓和了"教义所造成的痛苦"。一方面，人们认为，对自己"被拣选"地位的怀疑是"魔鬼的诱惑，既然缺乏自信是信仰不坚定的结果，因而也就是恩宠不完满的结果。"与此同时，不具有其自身内在价值的世俗行为，被看做是驱散焦虑并建立起个人自信的一条途径。此外，既然"只有在上帝通过选民们做工(*operatur*)时，选民才有可能与他们的上帝成为一体**并感受到这一点**"，那么善功(good works)就比人类的无能为力乍看起来所暗示的那样更具有实质性的作用。就像韦伯总结的"因此，无论善功作为一种获得救赎的手段是怎样无用……但善功作为选民的标志是必不可少的。善功不是用来购买救赎的技术性手段，而是用来消除罚入地狱的恐惧的技术性手段。"[3]

---

[1] 寂静主义(quietism)是基督教灵修理论之一，认为完善在于灵魂的无为沉静，人应当抑制个人的努力，以便上帝充分施展作为。——译注

[2] 贝扎(1519-1605)，作家、翻译家、教育家和神学家，生于法兰西，1559年与加尔文合作创办日内瓦学院，并担任首任院长，该学院后来成为传播加尔文主义的教育中心。加尔文去世后，贝扎继承加尔文的职位，对新教归正宗神学的发展有着巨大影响。——译注

[3] Ibid., pp. 111, 113 (强调部分为引者所加), 115.(中译参见[德]马克斯·韦伯:《新教伦理与资本主义精神》，第85、86、88页。——译注)

这是新教，至少加尔文和清教徒的新教和资本主义之间具有的根本联系。“劳动”，就像韦伯所说的，是“一种有效的(approved)禁欲途径”；“厌恶劳动是缺乏恩典的表现”；而且，最终，“在一项职业中获得作为劳动果实的(财富)是上帝祝福的标志”。这里，韦伯写道，存在着一种强大的逻辑，这个逻辑将会给资本主义的发动机添加燃料，并使世俗行为得以压倒这项逻辑所建基于其上的一些宗教原则。“那些伟大的宗教运动对于经济发展的意义，首先在于其禁欲主义所具有的富于教育意义的影响，而它们的充分的经济效果，一般说来，只有当纯粹的宗教热情过去之后，才会显现出来。
66 这时，寻求上帝之国的狂热开始逐渐转变为冷静的经济德性：宗教的根慢慢枯死，让位于世俗的功利主义。”[1]这种分析思路是有启发的，因为它至少部分程度上暗示了宗教改革使道德选择的世俗化以及把自我作为道德选择问题的独立行动者而加以内在授权成为可能的那种方式。

以现代心理学术语来看，不难看出一种努力，这种努力使虔诚的基督徒能够克服关于上帝之拣选是一种意志行为(an act of will)的疑问，我们也许会把这种行为称作自作主张(self-assertion)甚或自我肯定(self-affirmation)。尽管对于加尔文最初教义的稀释是完全存在的(在这种稀释过程中并没有获得关于拣选的确定性)。韦伯仍然指出，贝利(Bailey)、巴克斯特(Baxter)、塞奇威克(Sedgewick)、洪贝克(Hoornbeek)这些加尔文的追随者坚持认为，

---

[1] Ibid., pp. 158, 159, 172, 176.(中译参见[德]马克斯·韦伯:《新教伦理与资本主义精神》，第124、135、138页。——译注)韦伯认为，尽管像虔信派(Pietism)、循道宗(Methodism)、浸礼宗(the Baptist sects)等新教的其他形式，并不一定会展现出他在加尔文和清教徒身上发现的、作为西方资本主义先驱的这些特点，但是他强调加尔文和清教徒的合理性，可以通过一个事实来证明，这个事实就是，它们在塑造对欧洲人以及后来北美人感到称心的西方资本主义态度方面发挥了最有影响力的作用。参见他的第四章，“世俗禁欲主义的宗教基础”，第95-154页。(中译参见[德]马克斯·韦伯:《新教伦理与资本主义精神》，第71-120页。——译注)

个人具有“在生活的日常奋斗中**获得**关于自己之被拣选和称义的确定性的绝对责任”。尽管拣选也许始终无法获得，关于拣选的**确定性**却可以获得。确实，个人事实上被教导说，存在着一种**判定**他或者她是选民之一，并且尽一切可能保持对于这种判断的自信心的道德责任。换言之，尽管预定论和拣选论，就像韦伯指出的，创造出了“今生今世就已预定为上帝圣徒的精神贵族”，我们仍然可以通过个人的意志行为成为贵族，我们也可以仅仅通过做那些对于保持一种加尔文式的信念——即我们是“确信灵魂一定得救的……上帝所拣选的工具”——所必不可少的事情来保持我们的成员资格。[1]

尽管加尔文和他的追随者也许真的相信，只有真正被拣选的人，只有上帝已经以一种较高等级的精神赠礼所赐福的人，才能够保持对他们之被拣选所必不可少的自信。但是和早期基督教会相比，清教逻辑的实际结果却有着更普遍的影响。因为清教神学的含意是，只有个人——而且只有通过他或者她自己关于信念/意志/自作主张(conviction/will/self-assertion)的力量——才能决定是否被拣选(让我重复一遍，并不是“获得”它，而是通过确定性在实际上使之如此)。甚至浸礼也不是不可或缺的。此外，通过把被拣选者看做是“神意的工具”和“上帝的工具”(他们由此都“在日常的生活奋斗中”被称义了)，清教神学提供了一种有力的逻辑，这一逻辑可以运用于那些较少对道德行为感兴趣，而更多对为他们的行为提供合理化解释感兴趣的人身上。[2]

这个问题稍后会和我们有关。就目前而言，认识到这一点就
足够了，即加尔文主义式的、关于我们自己之被拣选的断言所具有 67
的吸引力，和加尔文主义神学所建基于其上的遥远的上帝一道，无异于赋予了自我在道德和伦理行为问题上的最终的自由行动权：

---

〔1〕 Ibid., pp. 111 (强调部分为引者所加), 121, 110. (中译参见[德]马克斯·韦伯:《新教伦理与资本主义精神》,第85、93、84页。——译注)

〔2〕 Ibid., p. 114. (中译参见[德]马克斯·韦伯:《新教伦理与资本主义精神》,第87页。——译注)

上帝遥不可及,而且是个人无法理解的;作为神意戏剧性展现过程中的一个小角色,个人只能假定,他或者她被拣选了,并且因此被灌注了人类被允许的所有精神才智。在本该做出判断的上帝不在场的情况下,就得依靠个人自己尽他或者她最大的努力来承担就真理的性质做出判断的责任了。最重要的是,个人从关于他或者她自身价值的私人化的直接断言当中,获得了采取这一大胆步骤的主动权。

毫无疑问,我们是在以一种无论加尔文还是其追随者都不会同意的方式在谈论他,因为他们的神学只不过是一种建立在神意前提基础之上的关于宇宙的解释。但是就像韦伯指出的,清教世界观当中神的要素并不是它最具持久性的特点之一,当神的要素衰退之时,由于它的逻辑使之变得可能的世俗化过程就变得越来越明显了。韦伯强调的是加尔文主义使后来一代代人"在获取金钱方面……一种好得令人惊讶的良心"成为可能的方式,但是我们也可以把这一强调加以扩展,以便最终把所有人类行为,至少某个特殊方面的行为包括进来。在本质上,加尔文主义和宗教改革使个人获得一种"好"(也就是说,可靠的、起作用的以及完全正当化的)得让人惊讶的良心成为了可能。这种良心也许并不能就他或者她的命运为个人提供安逸和满足,实际上,我们不久将会看到,情况恰恰相反。但是在韦伯说加尔文主义"要求个人对宗教问题完全负责"的地方,我们可以把这一论述扩展开来。[1] 当宗教改革的外部标志逐渐衰退之时,保留下来的逻辑却最终要求个人在所有问题上对他或者她自己负责。它**内在授权**(*empowered*)给自我,使之成为了一个独立而自足的道德行动者。

这一步是基督教最初一些假设的一次重要飞跃,在基督教最初的这些假设中,尽管个人被赋予了分有神性的地位,但是做出有效判断的能力仍然深深地植根于一种神学当中,这种神学断定有

---

[1] Ibid., pp. 176, 109.(中译参见[德]马克斯·韦伯:《新教伦理与资本主义精神》,第138、82页;——译注)

一位永世长存的"天父"，个人只能忠实地遵从这位天父。由加尔文所代表的这次飞跃的重要性，由于出现了许多现象——这些现象带有我们先前分析过的、自我出现过程中那些关键时刻的症状——而加强了。 68

一则，宗教改革在人类世俗化的权限方面(the human faculty of temporalization)取得了明显的进步，这种进步超越了早期基督教所采取的步骤。因为时间不再是把人类安置在其中的神的计划的一个特点(参见上面第二章)。时间已经变成了本质上完全世俗化的东西：时间成了一种商品。就像韦伯指出的，加尔文神学把时间窃据为个人使用——尽管最早是在服侍上帝的过程中——并且把个人的注意力直接集中到了合理使用时间的必要性上。"虚掷光阴便成了万恶之首，而且在原则上也是最不可饶恕的罪孽……由于社交活动，无聊闲谈，耽于享乐而浪费时间……都应遭受绝对的道德谴责。"[1]作为加尔文逻辑的结果，时间变成了个人"财产"，一种不仅可供他或者她运用而且期望他或者她能够负责运用的商品。剥除其宗教的外衣，这种看法最终导致了富兰克林所说的"时间就是金钱"，这个在实际上是世俗化的背景当中存在的、带有道德和伦理底色的评论。

把时间窃据给人类使用，在两个方面具有重要意义。它不仅表明了个人是怎样对待这样一种观念的——根据杰恩斯的看法，这种观念已经作为对变化感(perception of change)的一种隐喻性的"区域化过程"(a metaphoric"regionalization")而产生了，[2]它还就自我在宗教改革时期开始经历的那种转变的特点，为我们提供了清晰的指示。在模拟自我(the analog self)的出现使个人能够以一种自省的方式开始感知到他或者她之存在的地方，基督教当中外在授权的自我(the *authorized* self)的出现使一个人得以开始

---

〔1〕 Ibid., pp. 157-158.(中译参见[德]马克斯·韦伯：《新教伦理与资本主义精神》，第 123 页。——译注)

〔2〕 参见 Jaynes, *Emergence of Consciousness*, pp. 250-251.

重塑自我，而内在授权的自我（the *empowered* self）的出现则使个人得以变成一个完全能够对真实而非隐喻空间里的事物发挥作用的“行动者”。

这种内在授权（empowerment）最好的例证之一，也许就在于对最终的非隐喻空间——土地——的看法上所发生的一些转变。就像艾伦·麦克法兰（Alan Macfarlane）在《英国个人主义的起源》（*The Origins of English Individualism*）一书中指出的，欧洲从中世纪出现的对土地的传统态度，没有承认任何可以被描述为土地所有权特征的事物。土地和土地的占有者是不可分离的，因此继承权不可转让。这样一来，土地和那些居住于土地之上或者“依靠它”来生活的人事实上是无法分开的；没有哪个家庭成员能主张一种取消其他家庭成员权利的土地权利。土地是产业（a domain）的组成部分，它同家族身份认同以及作为土地和家族组成部分的个人融合在一起。

69 但是由宗教改革带来的观念革命改变了所有这一切。[1] 从此以后，土地像时间一样成为了一种商品，被用于土地所有者确定的一些目的。土地不再是个人或者家庭的组成部分，它成了一个所有者能够经营管理但也能被剥夺的空间。麦克法兰称之为土地的

---

〔1〕 麦克法兰从思想上稍稍不同的一点提出了这个问题。他试图证明，英国经验和欧陆经验是不同的，即在受到他们一直归之于西欧的影响之前，英国就存在着个人所有权和长子继承权（primogeniture）。他的分析是令人信服的，但是令人失望的是，他没有说明形成这种差异的原因。无论如何，他的讨论只是为那一更宏大的画面增加了细节，为我们展示了英国的不同之处最终促进了我们这里所描述的这一进程的方式。然而，他的分析并没有——像他似乎认为的那样（参见他的 *Origins of English Individualism*[Oxford: Blackwell, 1978], pp. 198-199）——成功地证明个人主义是资本主义的先驱，至少像韦伯所定义的那样（参见 Weber, *Protestant Ethic*, pp. 19-31）。（前书中译参见[英]艾伦·麦克法兰：《英国个人主义的起源》，管可秾译，商务印书馆，2008 年，第 257-259 页；后书中译参见[德]马克斯·韦伯：《新教伦理与资本主义精神》，第 9-19 页。——译注）

"象征价值"(the symbolic value)的东西消失了;个人的土地"转让"成了一种普遍的实践。[1] 尽管土地一度充满了造物主所赋予的神圣品质(这往往要通过一些迂回的解释),它现在却成了一件在个人所有者支配之下的纯粹的商品,结果,所有者个人的作用大大加强了。

加尔文主义为个人提供了放大了的自我维度(a magnification of the dimensions of the self)以及授权在性质方面的变化。但是在这个过程中,它采用的最惊人的方式,也许是它对自我在隐喻的使用方面所产生的影响。因为在这里,在古代世界的模拟自我为个人提供隐喻能力、以及基督教外在授权的自我使个人得以使用自我隐喻来影响和改造自我的地方,由加尔文主义/资本主义的世界观所导致的内在授权的自我再次将它隐喻化的力量转向外在世界,把隐喻当做了一种在普遍世界里的行为手段。它主要是通过两种方式来实现这一点——一种是功能方面的,另一种则是认识论方面的。

在比较新教和天主教风格时,韦伯指出,天主教神学允许了一种神秘因素的存在(就像我们一会儿要看到的,这种因素本身是隐喻化力量的一个重要方面),以便把个人从对他们行为的绝对责任的重压之下解救出来。"对天主教徒来说,他所在教会的赦罪是对他自身不完满的一种补偿。教士是完成圣餐变体[2]这一奇迹的魔术师,他手里握有通向永生的钥匙。"但是"加尔文主义的上帝要求他的信徒的是可以组合成一个统一体系的毕生的善功(a life of good works combined into a unified system)。"在他的分析里,韦伯自始至终提醒我们,资本主义本身是一种体系化的生活方式,建立在"法律和行政机关的理性结构"基础上的"理性的企业",和作为

---

[1] Macfarlane, *Origins*, p. 23. 他实际上是在引用 W. I. Thomas and F. Znaniecki , *The Polish Peasant*(New York: Dover, 1958).(中译参见[英]艾伦·麦克法兰:《英国个人主义的起源》,第 34 页。——译注)

[2] 圣餐变体(transubstantiation),一种认为尽管圣餐面包和葡萄酒的外表没有变化,但已经变成了耶稣的身体和血的主张。——译注

天主教特征的“各种神秘的和宗教的力量,以及以它们为基础的关于责任的伦理观念”是截然不同的。[1] 显然,在从天主教传统的支配地位到新教传统的支配地位的转化过程中所发生的,是对所有隐喻性表达或者至少是大多数隐喻性表达的一个取代,天主教传统正是建立在原有这些隐喻性表达的基础之上。在从早期基督教
70 隐喻性表达里产生出大量宇宙神话的地方,新教代之以一种系统而理性的思想类型,就像我们将会看到的,这种思想类型试图把人类秩序施加于宇宙之上。

我们不再根据神秘的(一些人会说,也是非常美丽和让人心安的)宇宙论来看待事物,这种宇宙论涉及圣徒、特赦、免罪、被接纳进入天国的肉身以及警惕地监督着全部景象的圣三一(the Trinity)。宇宙现在要接受系统的分析,以及甚至量化分析。韦伯谈到了“各种宗教账簿,里面登记和罗列着种种罪恶、诱惑和争取恩宠的进展”,这使归正宗基督徒(the Reformed Christian)[2]得以感受他或者她的道德动向;他同样引用了班扬[3]把上帝的记账簿的观念推到“非常庸俗的极致”的例子,“把罪人与上帝的关系比作是顾客和店主的关系。一旦负了债,尽管可以通过各种善行来偿还累计的利息,却永远也还不清本钱”。[4] 这样一种系统的理性化显然依赖于隐喻的力量。但是我们这里必须承认,宗教改革迈出了一步,它超越了隐喻这种“神秘的”解释模式(这种解释模式往往把原因归结为一些不受人类影响的力量),发展出了一种基本原理(a

[1] Weber, *Protestant Ethic*, pp. 117, 17, 25, 27.(中译参见[德]马克斯・韦伯:《新教伦理与资本主义精神》,第 89、14、15 页。——译注)

[2] the Reformed Christian,或译为“改革宗基督徒”。归正宗(或改革宗)在此处应当即指“加尔文宗”。不过在西方当代学术界,人们越来越倾向于用这个词来取代传统“加尔文宗”的提法,因为 16 世纪之后新教改革宗所依靠的是好几种思想资源,而不只是加尔文自己的思想。——译注

[3] 班扬(Bunyan,1628-1688),英国宗教故事作家,清教徒。以寓言体小说《天路历程》闻名于世。——译注

[4] Ibid., p. 124.(中译参见[德]马克斯・韦伯:《新教伦理与资本主义精神》,第 95 页。——译注)

rationale)，一种关于人类价值的分析方法，这种方法带有确定无疑的人类印记。此外，这一步也反映了对现实本身所采取的一种新态度。

在本质上，宗教改革运动打开了一扇大门，这扇大门通往自我的一项假定权利，即自我可以用它的感知来影响周围的世界。在这一点上，埃利希·弗洛姆关于新教的分析是非常有帮助的。弗洛姆比较了世俗行为以及一个人作为上帝选民群体成员的身份和强迫症之间的逻辑关系。他写道："活动并不意味着创造一个渴望的目标，而是为了表明某种事先决定好了的、独立于个人自己的行为或者控制的事情是否会发生"。[1] 弗洛姆接着讨论了，寻找"征兆"(signs)——比方说数沿街的房子或者窗户——是怎样成为一种手段的，强迫症患者以及处于压力中的正常人都会用这种手段来推测一件重要的事情可能会产生的结果。但是就像杰恩斯指出的，各种各样的预言——征兆、抽签、占卜——都是隐喻能力所具有的特征，而个人凭借这种能力能够想象无限多样的未来。[2] 弗洛姆一直乐于把这一点看做是一种神经强迫症，但是就我们的目的而言，我们只需承认，它是对已经越来越多地在自我当中出现的隐喻能力的强化。杰恩斯认为一度被用来**发现**(*discover*)宇宙中 71
所固有之超自然秩序的那些力量，现在却被用来**揭示**(*uncover*)宇宙中的"自然的"(也就是说，越来越世俗的)秩序，弗洛姆和很多其他人都会认为，这种自然秩序只不过是受观察者影响的一种秩序。自我现在"被内在授权"去寻找它自己的选择，而且它很快就不仅会扩大对观察自然世界的这种内在授权，而且也会扩大对思考其自身组成结构的内在授权。

此外，"获得"被拣选之确定性所根据的意志/确信/自作主张的行为(act of will/ conviction/ self-assertion)，给隐喻化方法所具

---

〔1〕 Fromm, *Escape from Freedom*, p. 111.(中译参见[美]埃里希·弗洛姆:《逃避自由》,第 65 页。——译注)

〔2〕 参见 Jaynes, *Emergence of Consciousness*, pp. 236-246.

有的预见力量带来了一种特别现代的以及最终个人主义的转向，因为它授权个人来**达成**(*bring about*)那些预告意外结果的预言或者征兆。个人不再是源自神明的一些征兆(这些征兆将揭示他或者她的命运)的被动领受者，甚至也不再是上帝恩典的虔诚恳求者，就像我们在宗教改革以前的基督教传统中也许会把个人描述成的那个样子。相反，个人是(通过他或者她的意志/确信/自作主张的行为)预先决定结果的行动者，并且由此开始制造恰当的迹象来证明他或者她的主张是正当的。更坦率地说，由加尔文的逻辑所释放出来的那些较粗糙的(crasser)本能，将允许所有人通过致力于获得物质财富来对他或者她自己的拣选问题做出决定，在韦伯看来，物质财富已经无异于上帝恩典的证明，并因而使人们把拣选作为一个**事实**(a *fact*)来接受。

这一逻辑上的转向，确实不亚于就人类感知具有正当性所做出的一个默示宣言，是迈向确立起这样一种信仰——即就像瓦特指出的，“追求真理……完全是一个个人的问题”——的最后一步。显然，如果通过一种意志/确信/自作主张的行为(也即“信仰”[faith]，就像它在加尔文以后的基督教里为人所知的那样)来决定他或者她自己的道德价值，以及制造一个人据以保持这种价值之确定性的征兆都处于个人力量范围之内的话，那么据以衡量真理的一些最适当的准则(the only standards)就都是私人化的和个人化的。人类是无与伦比的，是完全内在授权的自我的拥有者，能够就他们自身以及他们的生活做出最世俗也最深刻的判断，而不再受以前一些宇宙哲学的超自然“魔力”的限制。杰恩斯说，模拟自我是作为一个空间出现的，在这个空间里，我们描述自身以及我们的生活。这个空间成了基督教神话的宝库，这个宝库使人类得以向自主的道德行为迈出了第一步。这种模拟自我现在完全摆脱了神话，并且准备好了在它自身和它周围的世界之间发挥媒介作用。

我们不应夸大这一变化发生的时间范围。就像我们已经看到的，模拟自我和外在授权的自我都不是一夜之间突然出现并繁荣起来的。尽管从它之前和之后的一个更长时段来看，它们的出现看起来也许相对迅速，但是它们的出现却是一个逐步的过程，而内在授权的自我的出现也并不例外。就像上文已经指出的，无论它最终具有怎样的世俗化影响，宗教改革都是一场宗教运动，即使今天，在它开始差不多五百年以后，我们也不能完全忽视它的这种宗教特性。作为对照的是，我们一直在寻根溯源的这棵树的主干却很快就丢弃了宗教改革逻辑的宗教层面，就像我们在下一章里将看到的。尽管在宗教改革之后的哲学讨论中，上帝仍然是一种象征性的标准，但是他的作用却可以比作是一个有名无实的傀儡君主：这个君主被人们弃置于一个对人类事务毫无重要性可言的位置上，对于今天在由个人组成的议会里讨论人类事务的那些人来说，他本身已经是一个相对不重要的问题了。

然而，在我们着手考虑自我是怎样对待它新发现的内在授权之前，我们应该注意到向韦伯和弗洛姆评论的内在授权状态的转变所具有的最后一个特点。在引用班扬《天路历程》（*Pilgrim's Progress*）（在这本书里，基督徒在寻求"永生"的过程中抛妻别子）里的章节时，韦伯谈到了加尔文主义迫使信徒进入的那种"深深的精神孤独"状态。[1] 弗洛姆评论道，封建世界（宗教改革既使它资本主义化了，又促进了它的存续）的瓦解，给个人留下的是"孤独与孤立"。[2] 这些描述尽管使我们想到个人困惑和社会动乱的背景——宗教改革就是在这一背景下出现的，但是稍后当我们着手分析个人主义的当代状况时，这些描述也同样很重要。尽管精神方面的或者其他方面的孤立状态，并不会阻止自我继续向前发展，并获得它新发现的那种自信心，但是孤独和孤立在关于自我的现代讨论里却成了支配性的主题。

此外，就像弗洛姆和韦伯都曾提出过的，这种孤立状态最终会消解宗教改革之前的社会凝聚赖以建立的基础。韦伯认为，加尔 73

[1] Weber, *Protestant Ethic*, p. 108.（中译参见[德]马克斯·韦伯：《新教伦理与资本主义精神》，第 81 页。——译注）

[2] Fromm, *Escape from Freedom*, p. 119.（中译参见[美]埃里希·弗洛姆：《逃避自由》，第 70 页。——译注）

文主义谈到社会问题时,鼓励了“为社会的尘世生活服务的天职中的劳动”,却也承认,它揭示了一种强烈的“斩断个人和尘世之间的千丝万缕的联系”的倾向。[1] 弗洛姆走得更远,他在加尔文和路德身上发现了→种“普遍的敌意”,这种敌意导向了资本主义竞争和努力工作,但是最终却使个人彼此之间形同陌路。[2]

这两个特点——自我难以承受的孤立以及消解使社会得以延续的社会凝聚力的趋势——在自我内在授权的余波当中变得非常重要。在现代世界里,这二者对个人主义都是决定性的(central)。因此发现这一点应该就不会让我们惊讶,即这种个人主义(我们现在看到,它的基础已经被夯实了),最终将引领我们面对这样一些问题:即个人对社会的义务(debt)是什么,以及他或者她怎样才能
74 缓解随着内在授权而来的那种内在的孤立和孤独。

---

〔1〕 Weber, *Protestant Ethic*, p. 108.(中译参见[德]马克斯·韦伯:《新教伦理与资本主义精神》,第 82 页。——译注)

〔2〕 Fromm, *Escape from Freedom*, p. 115.(中译参见[美]埃里希·弗洛姆:《逃避自由》,第 67 页。——译注)

第六章　个人主义的时代

在导论里，我们已经看到，“个人主义”这个词包含了一个意义的迷宫，我们实际上不可能详尽地绘制出一张关于这个迷宫的地图。在某种意义上，我们无力做到这一点，就和我们无法就围绕着个人主义的一些更重要的相关问题（比方说它在历史上的重要性、它在未来的作用等等）进行让人满意的充分归纳一样，有着相同的原因。我们这里面临的问题就是苏珊娜·兰格所谓的“知识过多造成的障碍”（the obstacle of too much knoledge）——也许，同时还掺杂着差异太小（too little distance）这一问题。[1]

个人主义时代，据说是个人主义作为一个真正的信念体系出现的时期，在这个时代里，西方社会开始严重依赖这种信念体系。当我们进入这个时代时，和杰恩斯考察古代世界以获得关于模拟-我出现的证据时所能使用的资源相比，我们的信息资源要更加丰富和详尽。尽管就杰恩斯来说，其危险在于可能会根据过少的证据得出过多的结论，然而就我们的危险却在于，在试图把握大量纷繁而详尽的资源时，我们可能无法认识到一些从大量对我们有用的细节当中出现的更重要的模式。

---

〔1〕 Suzanne Langer, *Philosophy in a New Key*, (New York: Mentor, 1948), p. 177.

在某种程度上，这正是史蒂文·卢克斯的《个人主义》这一怀着最大雄心试图描绘个人主义地图的尝试所具有的问题。尽管卢克斯完成了一项精彩的工作，鉴别了个人主义在现代世界彰显自身的许多方面，他的分析在很大程度上却是一种练习（在文艺复兴时期，人们把这种练习称作解剖）：他的方法提出了形形色色的个
75 人主义彰显自身的一个详细的清单，与之相伴的，还有过去的思想的一些特征，这些过去的思想构成了各种“个人主义”出现的基础。[1] 然而，在试图将过去三个世纪里存在的大量的个人主义素材加以连贯处理时，卢克斯的分析却没能深入探讨谱系问题，进而也没能将个人主义的诸多组成部分重新组合成一种生机勃勃的——即使是充满变化的——力量（这一力量是从我们这里一直在追溯的过去中出现的）。

因此，我们就面临着这样一种两难境地。一方面，我们需要把个人主义放到像杰恩斯的模拟-我那样全面的参照系里——在这样的参考系里，数百年的时间被压缩成了一些历史的瞬间；另一方面，我们希望尽量解释和理解我们可以获得的大量的有关个人主义的细节。本章把个人主义归纳为三种主要类型：占有性个人主义（possessive individualism）、主观个人主义（subjective individualism）和浪漫主义的个人主义（romantic individualism）。如果说这一归纳并没有穷尽过去三个世纪里个人主义的诸多表现形式的话，它却包含了这样一些领域，在这些领域里，个人主义似乎既具有它最重要的意义，又证明自己是很成问题的。无论这一方法给该论题造成了怎样的局限，不久我们都应该会明白，使用这一方法完全是为了在充斥着相互联系的细节的景象当中寻找出一些具有更加重要的意义的模式。

---

〔1〕 在这方面，卢克斯著作的结构有些令人困惑，因为在“个人主义的基本观念”（The Basic Ideas of Individualism）这一标题下，他既包括了构成个人主义态度基础的一些观念（自主，隐私，人的尊严），也包括了个人主义的一些特殊种类（政治个人主义、经济个人主义等等）。

一、占有性个人主义

占有性个人主义是个人主义的一种表现形式，它近来被学界以这种或那种方式最彻底地加以讨论过了。也许是由于它处于关于个人主义的自由民主观念的核心，人们通常从政治哲学的角度来分析这些观念。[1] 一位作者——麦克弗森(C. B. Macpherson)，对于我们一会儿将要讨论的占有性个人主义有过全面的分析。不过，我们首先还是应该弄清楚占有性个人主义的一些历史先驱。

我们已经看到，加尔文主义实际上为个人提供了一种能力，即以一种能够确信自身精神完整性的方式、有选择地解释个人体验的能力。一个人可以只是通过找到能够令人满意地证明拣选之确定性的证据，而“在日常生活的斗争中**获得**关于自身个性和称义的确定性”。[2] 这种对确定性的证实，是从加尔文主义的逻辑所提供的参照系中获得的，而且就像韦伯证明了的，这种逻辑带有一种对经济问题的强大的亲和力。 76

尽管加尔文从未这么打算，加尔文主义的逻辑实际上使经济上的成功成了一种征兆——甚至可能是信徒能够鉴别是否被上帝拣选的**那种**征兆(*the* sign)。就像我们看到的，既然这些征兆实际上是一些意志/确信/自作主张的行为(acts of will/conviction/self-assertion)，经济领域很快就变成新获内在授权的自我起作用的主

---

〔1〕 参见前面章节和本章所引迪蒙、卢克斯、麦克弗森、麦克法兰和瓦特的著作。不过，卢克斯并没有使用“占有性的”这个词，瓦特的讨论则是在一种文学的分析中包含了一些政治观念。

〔2〕 Weber, *Protestant Ethic*, p. 111(强调部分为引者所加)。(中译参见[德]韦伯：《新教伦理与资本主义精神》，第 85 页。但此处引文内容和韦伯原书并不相同，韦伯原文是“在日常生活的斗争中获得关于自身拣选和称义的确定性”。——译注)

要领域之一。[1] 当加尔文的逻辑脱去宗教的装饰,内在授权的自我便开始就个人获得和占有的能力来检验和扩张它的力量。在自我从基督时代开始就植根于基督教神学和宇宙论框架之内的那些地方,我们所谓的"内在授权"(empowerment)也带来了一种全新的语境,这一语境将用占有性资本主义(possessive capitalism)的框架来代替基督教的框架。

在他关于占有性个人主义的讨论中,麦克弗森对于谱系问题比卢克斯还缺乏兴趣,但是他就经济假设怎样创造一个基础(后加尔文主义哲学就是建立在这一基础之上)的全面研究,却为我们提供了一幅画面,这幅画面描绘了加尔文主义的革命为个人自我形象带来的一些结果。通过总结"构成占有性个人主义的一些假定",麦克弗森认为,17 世纪的哲学,籍由断言"使人成其为人的是不受他人意志约束的自由",以及主要是通过**所有权**(*proprietorship*)而看到的人性所具有的这一特征的重要性,为以经济为基础的个人主义提供了根据。麦克弗森把这种看法追溯到霍布斯(Hobbes),他认为"人类的本质"被还原成了"免受他人意志控制的自由和某人对自身禀赋的所有权。"[2]这种看法与加尔文主义的联系是显而易见的:个人不再是希腊传统中的"诸神的一件工具",或者希伯来传统中的"上帝的一个选民",甚至也不是像基督教传统中所说的那样是"上帝的一个子民"。自我的内在授权使个人成为了一个"自由人",但是这很大程度上是通过个人之作为他或她自

〔1〕 关于清教主义(Puritanism)怎样使加尔文主义的经济方面发展成富于生产性的经济行动纲领,一个详尽的分析请参见 Richard Tawney, *Religion and the Rise of Capitalism* (New York: Harcourt Brace, 1926), pp. 227-253.(中译参见[英]托尼:《宗教与资本主义的兴起》,赵月瑟、夏镇平译,上海译文出版社,2006 年,第 136-152 页。——译注)

〔2〕 C. B. Macpherson, *The Political Theory of Possessive Individualism: Hobbes to Locke*, (Oxford: Oxford University Press), 1964, pp. 263, 264.

己的“所有者”的地位而实现的。[1]

在麦克弗森看来，占有性个人主义以及最终自由民主的所有原则，都源于“个人占有”这一基本前提。一旦他或她被确定为我们所谓的自由的行动者，个人自由“只能由于对保障他人同等自由所必须的……一些义务而正当地加以限制”；社会所赖以建立的政治基础，只不过是“为了保护个人对**其人身和物品**的所有权，以及 77
(由此)为了维持个人(个人被认为是他们**自身的所有者**)之间有序交换关系的一种发明”。加尔文主义革命的意义既体现在霍布斯赋予它们的形式当中，也体现在清教平等派(Puritan Levellers)、詹姆斯·哈林顿(James Harrington)和约翰·洛克(John Locke)所提出的那些详加阐述和修订的版本当中。加尔文主义革命的这些意义在这种假定中是显而易见的——这种假定以占有性个人主义由以编织起来的模式来安排人性和人类自由。[2] 此外，我们可以清楚地看到事实的基本材料[3]以这样一种风格——即设计方案将呈现出很多个人主义的讨论已经采纳了的政治特性——直接交织在一起的方式。正如麦克弗森和其他人指出的，关于自我所有权的假设(它本身就是内在授权的自我出现的一个非常清楚而有力的暗示)和加尔文主义赋予该自我的、在物质世界而不是精神世界里发现其自身“征兆”的能力一道，直接导致了自由民主理论的演进。

自由民主传统是从17世纪的政治假定当中出现的。卢克斯就这个问题提供了一个讨论，尽管很不幸，他只是比较了他所谓的

---

〔1〕 诚然，17世纪，至少在名义上，提到了这样一种理解，即上帝仍然在人类现实背景的某处。但是就像韦伯和其他人指出的，上帝在人类事务中位置的重要性已经边缘化了，而且随着17世纪出现的这些趋势最终导致了一个世纪之后在休谟哲学和认识论中的一种完全的世俗化过程，上帝的位置就变得更加如此。

〔2〕 Macpherson, *Political Theory*, p. 264(强调部分为引者所加)；并参见第3-5章。

〔3〕 原文是经线(woof)和纬线(warp)，此处意译。——译注

“政治个人主义”与“经济个人主义”的特征，却没有论证一方是怎样作为另一方的必然结果而出现的。[1] 一个人怎样才能使个体自我的自由同这些个人自由之间互相重叠而且不可避免会产生冲突的部分协调一致，这个问题是贯穿从霍布斯时代至今的政治哲学的最普遍的主题之一。就像我们稍后将会看到的，对于主观个人主义与浪漫主义的个人主义的某些方面来说，这个问题也同样有一些牵连。

然而，由于一些已经很清楚的原因，我们这里没有把占有性个人主义，或者由它所引发的一些政治哲学问题，作为由于加尔文主义革命的结果而开始出现的那些信仰的个人主义母体（the individualistic matrix of beliefs）的最重要的特征。占有性个人主义在三个方面是很重要的。

首先，它描述了加尔文主义强调物质世界作为一种媒介——即据以发现我们之被拣选的一些首要征兆的媒介——所具有的真实意义。对物质世界的强调，极大促进了科学研究的出现和科学知识体系化的组织状态，这两者对占有性个人主义的经济和政治
78 意义能否扎下根来并且枝繁叶茂都有深远影响。

其次，它提供了一个领域，在这个领域里，内在授权的自我可以检验它的力量。正如我们在上一章已经看到的，这一领域和杰恩斯在古代世界模拟-我产生过程中发现的关于空间的隐喻是类似的，只不过现在被完全内在授权的自我通过精确的（literal）、而非比喻的（figurative）空间来行使它的内在授权。先前，自我至少部分程度上是通过一些内在区域来评价自我的，希腊人的自我认知、犹太人的律法和基督教的宇宙论等体验使这些内在区域成为了可能，而现在，加尔文主义的逻辑使自我能够通过在由所有权代表的越来越精确的空间中发挥主动权来评价自己。文艺复兴时期对探索和发现的迷恋，曾经使个人重新形成了关于物理空间形状的概念，并使个人去探索已经浮现出来的新世界，最终，空间转化成了

[1] 在这方面，迪蒙的探讨只是比卢克斯的要稍稍完备一些。

一个内在授权的自我能够检验自己和证明自己的领域，这一转变将导致对这一共同的全球空间**所有权**的探索，我们则把这种探索称作资本主义。

最后，占有性个人主义提供了一个基础（对个人主义假定最明显而有力的一些质疑就是根据这个基础提出的）：在日益有限的经济“空间”里，无数具有平等天分和地位的个体为了获得和享有所有权的好处发挥着自己的影响，那些不可避免会从这些个体的努力中产生的冲突将会引发一些问题——即关于建立在占有性个人主义前提基础之上的自由民主理论是否具有生命力的问题，这也是一些深远的、甚至无法回答的问题。[1]

然而，尽管占有性个人主义有其重要性，但它并不是在宗教改革之后开始支配西方世界的个人主义信仰体系的最重要的特征。因为占有性个人主义的“物质主义”的基础（占有性个人主义至少部分程度建立于这个基础之上）使它出现了一些问题，而面对和解决这些问题的尝试开启了一个自我能够自由探索的而且可能更广大的新领域。尽管就像我们将要看到的，这一领域也提供了一套内在授权的自我据以检验和证明自身的、相当不确定的标准。

二、主观个人主义

加尔文主义关于意志/确信/自作主张的行为，促使新近被内
在授权的自我在经济领域寻求征兆，这虽然确保了自我的大部分 79
活力关注于物质世界，特别是财产所有权，但是我们必须认识到，自我的内在生命并没有随资本主义时代的开始而被抛弃。相反，对意识的那些内在特点的关注，一直成功地持续到了西方资本主义的发展时期。实际上，它强化了个人主义自身的发展，并最终促

〔1〕 麦克弗森以对那些构成了自由民主理论（而这些理论自身又是以占有性个人主义的一些假定为基础的）之基础的矛盾的简单讨论（第 271-277 页）结束了他的著作。

使个人主义变得如此充满疑问。也许并不令人惊讶，在紧随宗教改革之后的那些年月里，当内在授权的自我开始在霍布斯和洛克的财产世界里占有自己的一席之地时，这种关注似乎曾暂时衰落过。然而，物质世界自身的性质很快就成了人们认真思考和质疑的焦点，而自我最终也被引领回来，以直面它自身力量所具有的那些局限。

最初，内在授权的自我对物质世界（它就栖身在这个世界里）的所有权的新感受，同文艺复兴时期在试图描绘物理世界（物理世界现在似乎是人类的合法继承物）的尝试中开始繁荣起来的科学探讨结合在了一起。[1] 在这种努力当中，西方思想还没有打算放弃这样一种观点，即神的影响曾经在宇宙的组织过程中占有支配性地位。尽管不一定赞成方法上的循环（the circularity of method）——这种循环以在宗教上可接受的、关于过去的一些“科学”解释为特征，新获内在授权的自我确实还是得出了一个带有循环色彩的假设，即宇宙必须建立在一些合理的组织原则之上，而这样一种组织最终会使自己受到一些力量的合理监督，以使宇宙理性和人类理性的融合得以出现。

这种信仰在保罗·约翰逊所谓基督教“第三势力”（the third force）的启蒙思想家中有其来源，这群思想家希望在16世纪宗教改革势力和反宗教改革势力之间实现调和。按照约翰逊的观点，这群人忠于“在16世纪的知识分子当中十分普遍的一种信仰，即一个完整和最终的知识体系尚待被发现——这个体系包含了所有的艺术和科学，并且是围绕着基督教建立起来的，当这个体系适时地完全显露之时，它将自动解决所有的宗教纷争和论战。”[2]宗教调和的希望后来消失了，但是关于一个统一宇宙的观念却保留了下来，并最终在莱布尼兹（Leibnitz）、早期伏尔泰（Voltaire）、笛卡

〔1〕 参见 Burckhardt, *Civilization*, pp. 211-217.（此处原作者没有引用原文，无法核对，中译相关章节应该在［瑞士］雅各布·布克哈特：《意大利文艺复兴时期的文化》，第280-302页。——译注）

〔2〕 Johnson, *History of Christianity*, p. 319.

尔、培根(Bacon)、蒲柏(Pope),以及甚至某种程度上在霍布斯和洛克等人的哲学中得到了表达。这是关于"所有可能世界当中最好 80
世界"(the best of all possible worlds)的哲学,它后来如此深刻地被里斯本地震[1]所动摇了。

我们可能会把这种哲学看做是埃里希·弗洛姆归因于古希伯来人以及加尔文逻辑的继承人的那种性质的另一种"投射":内在授权的自我最终盛行起来了,它错误地将其自身的理性力量归结于它所栖身的世界,而且只是在受到这样一种事件——这种事件表明了宇宙具有根本不合理的性质(the less-than-reasonable nature)——干预时,才被迫承认其错误。然而,尽管里斯本地震深刻动摇了像伏尔泰这些思想家的哲学假设,但它却无法单独解释像期盼宇宙会符合人类"合理"预期这样一种重要看法何以会瓦解。因为随着科学方法(这种方法是在试图发现机械宇宙[the clockwork universe]背后蓝图的努力下发展起来的)的发展,西方思想蜕去了这种方法由以出现的宗教外衣,就像它已经褪去了关于财产的那些看法的宗教外衣一样,在此过程中,主观个人主义也作为当时支配性的道德、哲学和形而上学态度被确立了起来。

由于宇宙并不主动遵循着个人对它的期望,内在授权的自我实际上只有一种选择:转向内部,分析自己以及它能被了解的程度。大卫·休谟坚定地用他的"批判哲学"促成了这一进程的开始,在他的哲学里,他拒绝单凭信仰接受任何事情,对所有不是建立在经验证据基础之上的关于真理的断言都持怀疑态度。休谟写道,没有谁能够从宇宙有一个合理的组织状态这一假设开始,因为任何这样做的尝试都将违反经验主义的方法。万事都必须接受瓦特所谓的"由个体考察者对经验细节所做的研究——而且这些个

---

[1] 里斯本(Lisbon)是葡萄牙首都和最大城市,16 世纪向非洲和印度殖民扩张的全盛期最为繁荣,但是 1755 年 11 月 1 日,在一场大地震中被夷为平地。根据作者的解释,在西方的哲学讨论中谈到里斯本地震,常常是指宇宙是一种机械装置这种观念的终结。——译注

体考察者至少在观念上要不受过去大量假设和传统信念的影响”,[1]关于一个有秩序并且合理的宇宙假设却违反了这一原则。休谟坚持认为,这对于新获内在授权之自我的传统来说是正确的,因而对于个体身处其中的现实的调查必须重新开始(begin fresh),并免受有神论或其他一些假设的影响。

但是休谟的经验主义使他比纯粹的批判怀疑论迈出了更远的一步。在分析我们感知到的事物与实际存在的事物之间的关系
81 时,他无疑会拒绝使个人感知免受先验真理的批评。[2] 因此,休谟抛弃了这一观念,即我们被莫明其妙地灌注了一些先天的观念,这些观念有助于我们澄清我们所栖居的现实。休谟认为,人类知识只不过是从经验得出的印象的累加,这些印象就像观念一样,是个人头脑的结晶。最终,我们甚至很可能会对我们自身的存在以及我们所处的外部世界表示怀疑。这只是因为,除了我们的头脑之外,我们没有任何东西可以用来检验这两者当中任何一个的正当性,而且由于我们的头脑是主观的,它们也就是令人怀疑的。

休谟对个人主义的打击是深远的,因为他的立场一劳永逸地完全消除了一种可能性。即人类的存在是伴随着对确定性的所有超自然的保证出现的,或者至少是伴随着对“外在授权的”自我一直被引导着去期待的那种确定性的超自然的保证而出现的。尽管康德和黑格尔(Hegel)这些思想家会努力恢复这些确定性,但是这些确定性却不再拥有它们在宗教改革之前的时代里所具有的力量。个体自我已经到了这样一个阶段,在这个阶段,它的内在授权可以说是彻底的。现在,个人是独立的,并且不得不承担因这种身份而出现的所有自由和责任。

---

〔1〕 Watt, *Rise of the Novel*, p. 12.(中译参见[美]伊恩·P.瓦特:《小说的兴起:笛福、理查逊、菲尔丁研究》,第5页。——译注)

〔2〕 原文为 he naturally refused to consider the possibility that the individual is an exception to the exclusion of a priori truths,作者解释说,更直接的说法就是:he naturally refused to make individual perception immune from the critique of a priori truths。兹按作者的解释译出。——译注

关注个体怎样利用这种自由以及在某些情形下怎样试图逃避责任是有趣的。因为尽管休谟已经严格限制了内在授权的自我可能获得所有事情之确定性的程度，但他却并没有贬低自我调查和探索的愿望。休谟的结论进一步强化了认识论研究所具有的反思性(the reflexive nature)，将注意力更敏锐地集中于自我这一实体上——而自我在满足其好奇心和获得某种程度之确定性的内驱力上，显然已经被证实是极其无效(paralyzed)的。

我们可以看到，这里产生了一种双重影响。一方面，我们可以说，内在授权的自我正在寻找一条通往峡谷之外的道路(是休谟把它带进了这个峡谷)，努力找到能够确立起它自身感知正当性的方法。但是，这种努力需要对自我本身进行更详细的审查。个人所**能**(*could*)知道的一切证明都需要对自我做更仔细、详尽和确切的分析，就像我们将会看到的，这种分析本身开始呈现出自己的生命力。

伊曼纽尔·康德(Immanuel Kant)在某些方面可以被称作是现代心理学的缔造者之一。但是，严格说来，康德在诸如《纯粹理性批判》(*the Critique of Pure Reason*)这些著作中的目标并不是心理学方面的。在由先验原则支配的规则宇宙这样一种莱布尼兹 82
式的世界观的训练下，康德因为休谟的《人类理解研究》(*Enquiry concerning Human Understanding*)[1]和这本书对"批判哲学"的坚持而"被从他教条主义的迷梦中唤醒"。[2] 像休谟一样，康德并没有对形而上学持一概批评的态度。就像我们将看到的，他认为我们能够获得关于我们自身和关于我们的世界的某种确定性。就休谟对人类、宇宙以及两者之间关系的断言所具有的可检验性(testability)的坚持，康德表示了深切的同情。

提供一个关于康德哲学的融贯的论述——即使是最粗略的那

---

〔1〕 商务吕大吉译本译为《人类理智研究》(商务印书馆，1999年版)，而关文运译本译为《人类理解研究》(商务印书馆，1957年版)。——译注

〔2〕 E. W. F. Tomlin, *The Western Philosophers*: *An Introduction* (London: Hutchinson, 1968), p. 203.("教条主义的迷梦"[dogmatic slumber]也译为"独断论的迷梦"。——译注)

种——并不是我们这一讨论的目标。但是,为了理解卢克斯所谓的"认识论个人主义"的重要性(确实,它在个人主义的谱系当中占有关键的位置),[1]有必要探讨一下康德形而上学的几个特征,特别是因为它们涉及到个人、个人的感知,以及这些感知是如何使详尽描绘我们今天所谓的人类心智(the human psyche)的出现成为可能的。

首先,康德将"并非自我"之物(what is "not self")划分为两个领域:一个是世界(the world),我们以普通、日常的感官知觉所理解的世界;另一个是实在(the reality),处于在普通、日常的感官知觉当中展示自身的表象(the appearances)之后的事实。在我们所感知的世界和实在之间的真正区别在于,在感知行为中,我们重组了实在,并赋予了它一种我们由此能够理解它的时空形式。这种可理解的、有组织的世界就是"现象"(phenomena)的世界。在确立了被感知到的现象与实在之间的区别之后,康德便开始分析我们组织实在以使它容易理解的一些方法。康德认为,我们不仅贡献了空间和时间上的形式,我们还通过为所有我们感知到的事物提供结构和一致性的方法把"本体"(noumena,被组织起来之前的现象)加以归类。这些类别(categories)[2]包括量、质、关系以及模态(可能性、现实性以及必要性的程度)这些东西,它们不仅是我们感知和理解我们所栖身的实在的基础,**它们还揭示了我们用于领会实在的确切的理解结构**。

就我们的目的而言,把非自我(the nonself)划分成本体和现象,以及康德所提出的范畴(这些范畴本身都源于传统逻辑学),都不如这样一个最终的断言重要,即我们的理解以它发挥作用的那**种方式**(*way*)揭示了自身。因为有了这一断言(该断言本身是为了
83 确立其感知的正当性,而以更大的确切性来描述人类理解之本质的一种努力),康德便将讨论的中心放在了自我是**什么**(*what* the

---

[1] Lukes, *Individualism*, pp. 107-109.(中译参见[英]史蒂文·卢克斯:《个人主义》,第100-102页。——译注)

[2] 一般译为"范畴",但是此处为了与上文呼应,译为"类别"。——译注

self is)，而不是自我**是否**是什么(*whether* the self is)的问题上，而且尽管他没有终结关于自我能否知晓一切事物的讨论，但是他却开启了通往现代心理学整个研究领域的大门：通过自我来思考自我。这样一种研究，通过其真实的存在，对“是否”问题(the question of“whether”)给出了肯定的答案，并且同时有助于确立起一个全新的个人主义领域，这个领域和杰恩斯归之于古代世界的模拟-我的“词汇”场类似，却又比它复杂得多。

确实，康德和他所开创的现代心理学理论，牢固地确立了内在授权的自我在一种不受先验道德和宇宙论信念(迄今为止，这些信念塑造了所有的人类感知)影响的存在中的地位。通过断言我们自身是通过感知实在来塑造实在的，康德在形而上学的根本层面上，确立了瓦特认为笛卡尔不懈努力所要实现的事情：即“一个假设——藉由这个假设，追求真理被认为是一件完全个人的事情。”此外，康德以我们感知的那种方式为基础得出的关于理解结构的证明，成了(或许仍然是无心地，就像加尔文寻找拣选的征兆一样)对自我首要位置的一种默认，这种默认使得一种转变成为了可能，即从感知的正当性问题向关于感知以及感知行动者的本质和结构问题转变。这一转变意义非凡，因为它实际上授权对自我以及心智的本质进行深入探索，这种探索本身可以看做是个人主义的一项最终产物。

然而，在我们分析由现代心理学所代表的、有理由认为是更“客观的”那个领域之前，我们应该继续追溯康德所代表的主观个人主义的路线。因为康德并不满足于让一个关于人类理解能力的较详细的分析作为人类理解具有正当性这样一个断言而存在。他想要在被感知到的现象和组成实在的本体之间搭建起一座坚固的桥梁，而在这个过程中，他创造出了一种动力，这种动力将会产生出浪漫主义的个人主义。

在寻找人类感知与实在之间的关联时，康德发现了两种观念。首先，他判定，既然人类感知是实在的产物，它也一定是实在的某种反映，并且揭示了本体世界的信息——就像它揭示了关于它自

身的信息那样。正如莫尔斯·佩卡姆(Morse Peckham)指出的，
84 "既然……头脑展示了一种有目的的组织化的内驱力……那么这样假设似乎就是合理的，而且也确实是有必要的——尽管这也许永远不能得到证明——即由于头脑毕竟是实在的产物，实在本身就是由一种有目的的组织化的内驱力所激发的。头脑和实在的相似之处不在于其结构，而在于其结构的内驱力。"[1]换句话说，尽管人类理解的结构与自然的结构也许彼此迥异，但它们背后的激发力量是相似的，而且甚至可能是相同的。

其次，为了说明个人怎样才能认识到这种相似之处，甚至使他们自己与之相协调，康德假设存在两种意志：内在自我的意志——"自律的"(autonomous)意志和外在准则(the external principle)的意志——"他律"(heteronymous)的意志。第一种意志反映了"本体的"(noumenal)自我，或者说真实自我的意志，不受欲望和一些实际考虑的妨碍，而只是对"职责"(duty)和"尊重"(respect)这些事情做出回应。同样地，它代表了最真实的人类，他们尽自己的能力去突破现象世界的一些表象，并且去接触实在的本体世界。康德认为，看穿现象世界的表象的能力，是弥合人类和实在之间那道间隙的关键，而它在康德所谓绝对律令(the categorical imperative)的影响之下最完全地发挥了自己的作用。

绝对律令只不过是每一个人固有的关于真理的直觉知识；一种不受欲望和需要、技能或者自私的目的影响的知识。它为每一个体提供了根据本体世界来行动的机会(然而，却不是必然性)。这正是休谟所未能发现的：人类理解的一个特点，这个特点不仅重新确立了个人感知实在的能力，也重新确立了根据这种实在来行事的能力。人类理解的这一特点是否符合休谟的经验标准是有疑问的，而且康德的断言——即我们能够洞悉表象的世界并触及实在。自从他得出这一断言以来，一直就是个有争议的问题。但是

---

[1] Morse Peckham, *Beyond the Tragic Vision: The Quest for Identity in the Nineteenth Century* (New York: Braziller, 1962), p. 96.

在这里，我们仍然既无需表示赞同，也无需表示反对，以便能够衡
量康德这些观念在由主观个人主义所紧随、并且受到主观个人主
义很大影响的那个过程中所具有的重要性。和实践律令（the prac-
tical imperative）——我们无论是否做出反应都具有的内在感受，
即每一个体都必须被看做是他或者她自身的目的而非手段——一
道，绝对律令的存在在一种非常世俗化的、形而上学的语境当中为 85
个人行为确立了道德基础。康德本人并不信奉宗教，尽管他信奉
一种神圣的秩序，他的哲学非常强烈地以关于个人与实在之间遭
遇（the individual encounter with reality）的形而上学为基础，它是
作为对个人道德能力（这种能力与上帝无涉）的一种实际上的确认
而出现的。

甚至更重要的是，康德通过强调个人以其行为（以对绝对律令做出回应的“自律”意志为基础的行为）触及实在的能力，重新确立了个人作为一个行动者的地位。对于这个行动者而言，独立的道德判断不仅是可能的，而且是自然的；对于这个行动者而言，行为是一种道德的试金石。实际上，康德确立了自律的个体作为宇宙之道德中心的地位，这个道德中心能够实现和宇宙之间深刻的共鸣式的结合。一言以蔽之，康德使我们将要审视的个人主义的第三种类型成为了可能，这第三种类型即浪漫主义的个人主义。

但是，在我们审视个人主义在浪漫主义者手中的境遇之前，我们应该先近距离地审视一下，康德对人类理解结构的关注在表达对自我的态度转变、以及在表达人类关于自我观念的扩展时所采取的那种方式。

我们已经看到，由于使讨论超越了休谟关于人类理解之正当性的疑问，康德使一种实际上的确证过程（a de facto validation）得以出现。尽管他使用了自律意志（the autonomous will）和绝对律令这些概念来支持他自己的这一信念，即人类理解是正当的，但是他转而分析理解的**结构**，实际上却偏离了如此引人注目的一种兴趣，以至于最初的研究失去了其吸引力。然而，把这种转变描述为一种纯粹的离题并没有抓住康德实际上获得了的那些事物的要

点。在聚焦于理解的结构时，和以往可能做到的相比，康德打开了一扇通往更深入研究自我之本性的大门。实际上，他为自我做了加尔文主义逻辑为物质世界所做的事情：他使**之**(*it*)[1]成为了一个领域，在这个领域里，在物质世界曾经检验个人生产能力的那些地方，现在将用于检验个人的反思能力。

换句话说，尽管在《纯粹理性批判》中，他把关于"客观"自我的直觉称作是一种错误的理解，康德却把"内在的"空间重新确立为个人在其中发挥作用的领域之一。转而强调外部征兆作为自我价值的确证(这一点由于加尔文主义和占有性个人主义而变得可能
86 了)曾暂时削弱了内在自我的作用。但是休谟关于人类感知的疑问(这些疑问自然使人们对于被感知的物质世界本身提出质疑)，开启了重新确立内在自我所具有的关键性质的进程，而康德对其结构的分析则完成了这一进程。就我们的目的而言，重要的是认识到，由于康德而变得可能的"新的"内在领域之所以不同于以往事物的那些方式。因为在分析"人类理解"的过程中，康德实际上是在处理**一些进程**(*processes*)，这些进程发生在杰恩斯所说的随着模拟-我而出现的意识空间里。

首先，我们正在处理的，显然是康德哲学当中的一种完全世俗化的自我。就像我们已经说过的，上帝只是发挥了一种最微弱的(remotest)作用，而且可以用任何一种可感知的方式把它排除在外而不会影响到整体。康德哲学当中的内在意识空间，无论从哪一点来看，在基督教的意义上都是无神论的。但是内在自我，就其定义而言，同样是道德力量的所在。尽管我们可以把一个能提供外在授权的基督教上帝(an authorizing Christian God)从康德的世界观里排除在外而不会在根本上改变它，然而我们仍然不可避免地会得出这样一个结论，即康德把个体看做是一个有道德行为能力的存在，尽管这并不一定要求该个体致力于这种道德行为。这种道德行为的试金石——绝对律令，作为人类理解的一个内在组成

[1] 这里的it指的应当是指"自我"。——译注

部分存在于自我当中。换句话说，自我在道德上的内在授权，在人类存在的基本方程式中是一个已知数。

其次，康德的意识空间是精确的——而且更关注客观性——而不是比喻性的。和古希腊人、希伯来人或者基督教的意识空间相比，它的表达远远不是意象主义的(imagistically)。[1] 在模拟自我以一些代表着比明喻稍有进步的方式——杰恩斯称之为"前意识的沉淀"(preconscious hypostases)——来表达的场合，以及外在授权的自我以三位一体、永生和天堂等大量基督教宇宙哲学来表达的场合，康德的分析却是以一些我们也许会认为具有科学结构(a scientific grid)的术语——范畴，就像他称呼它们的那样——来加以表达的。当然，康德的分析是非常抽象的，但是在进行抽象化分析的过程中，他并没有依靠意象(imagery)。他的分析是由晦涩的表达和抽象论述组成的经典哲学论文，这一论文把语言的运用发挥到了极致。

由于康德哲学中体现的意识空间的第三个也是最重要的特点是语言学上的，因此在某种程度上要求我们回到之前的论述。杰恩斯认为，古代世界见证了词汇场的出现，而词汇场使人类得以开始以"模拟的"词语来谈论体验：比方说，当我们说"我感到害怕"
时，我们是假定有一个模拟的自我——那个"主格我"(the"I")—— 87
当我们感到害怕时，我们是这个"我"，但现在却不是了。随着这个意义场或者说意义网络的扩展，杰恩斯认为，古代文明的成员，开始把自己"看做"已经具有了能够在这种意识空间里"找到的"(located)全部特点。最终，当为世俗化和空间化提供了可能的一些词语出现在通常的用法中时，意识空间就具有了它自己的生命。这就是模拟-我时期。

在我们一直称作"外在授权的"自我的这个时期里，意识空间

---

[1] 意向主义(imagism)是在20世纪早期由英美诗人发起的、反对维多利亚式伤感主义的一场文学运动，强调用确切的视觉意象(images)来写作。——译注

领域已经大大扩展，我们可以说，模拟-我的词汇场已经变成了一个“语法”场(a“grammatical” field)。因为现在，与模拟自我的时期相比，不仅存在大量可以用来指称意识空间的词语，而且它们也具有了一些作用，这些作用已经超越了简单的描述，并且开始详细说明意识的一些方面在性质上的转变。[1] 例如，在以现代心理学为基础的对基督教术语的过于简化的解释当中，我们也许可以把“恩典”的状态描述成一种心理上安宁、平衡和充实的状态，而“罪”的状态则代表着心理上焦虑、失衡和贫乏的状态。实际上，恩典和罪指的都是“精神”状态，而“精神”是杰恩斯所说的从前意识的沉淀(preconscious hypostatses)当中出现的词汇场里的词汇之一。[2] 但是随着外在授权自我的出现，一个语法场出现了。在这个语法场里，词汇场当中在性质上的一整套多少具有系统化形式的转变成为了可能。随着时间流逝，当人们在状态、行为和最初“以词汇为基础的”自我的最终性质之间做出了更细致的区分时，这个语法场就扩大了。[3] 然而，这些转变仍然取决于关于它们意义的那些

---

〔1〕 这里所做的区分，完全意在同语法和词汇学之间所做的区分作比较。词汇的意义集中体现在词根上，就像 *plays*, *play*ed, *play*ing。语法意义则集中体现于词根的变化上，就像 play*s*, play*ed*, play*ing*。在词汇里，意义是从一种静态的性质当中产生出来的；在语法里，意义则取决于性质上的转化(qualitative transformations)，而这些转化本身又取决于各种关系，尽管语法本身并不是没有为判断(predication)(断言，否定，等等)留下空间，但是句法使之成为了可能。(关于词语是怎样变得合乎语法的一个透彻说明，参见 Bickerton, *Language and Species*, pp. 25-74)。因此，古代的模拟-我代表的是一种简单的名称(a simple denotation)，而基督徒的外在授权的自我则代表了一个实体，这个实体在性质上也许会转变成各种不同的状态。

〔2〕 尽管其本身并非没有一些成问题的含混之处。参见 Jaynes, *Emergence of Consciousness*, pp. 288-292，杰恩斯在这里探讨了“psyche”这个词在意义上从“生命”(life)到“精神”(soul)的转变。

〔3〕 这包括了从“不可饶恕的”罪和“可饶恕的”罪之间的区别，到天堂、地狱和“炼狱”之间的区别，以及能够为一个人提供一种强化了的精神安宁的形形色色的“赎罪券”(indulgences)等等，这些所有事情。

神圣的指涉物(divine referents for their meaning)。

内在授权自我的出现——特别是康德的著作和像弗洛伊德这些紧跟他步伐的人——代表着这个领域里增长的另一步骤。这一步骤使意识空间的存在成为了可能,我们也许可以把这一步骤称作是从语法场到"句法"场(a"syntactic" field)的转变。[1] 康德的方法在两个方面可以说是与句法相关的。首先,他的分析是**自我断言式的**(*self-predicating*):他把他的整个体系建立在对主体的自我指称的描述(a self-referred description)原则上,这和遵循语法规则的基督教方法(the grammatical Christian approach)形成了对照。在基督教的方法里,各种转变是由于它们所表达或者暗含的与上帝的亲疏关系而获得重要性的。康德的分析完全以主观意识为中心,既包括了被动(本体的)状态的主观意识,也包括了主动(现象的)状态的主观意识。 88

其次,康德的体系开始确立了一个关于主体意识的不同特点间存在的各种关系(*relationships*)的矩阵。这个关系并不是以在基督教语法场当中存在的一些简单、评价性的("善的"和"恶的")规范为基础的,而是尽力考虑到了那些带有张力、具有相互作用以及强化效果的原动力(the dynamics of tension, interaction, and reinforcement)——这些原动力存在于人类主体意识所具有的不同特点之间。[2] 因此,康德本人所说的他在"知识体系论"(architectonics)方面的努力,不仅在我们所感知的事物中鉴别出了"量"、"质"、"关系"和"模态",而且提供了每个范畴将会使用的梯度(a gradient scale)。

---

[1] 在技术上,句法属于更宽泛的语法范畴,而词汇学(lexicology)则并非如此。我的用法代表了一种相对于标准语言学术语的略微的变化。然而,再也找不到一个词能够如此恰当地表达这种由康德及其追随者的革新所展示的复杂性方面的阶段性增长了。

[2] 这里,康德同样偏离了启蒙运动的朴素机制(the simple mechanism of the Enlightenment),启蒙运动的机制可以说继承和接受了太多基督教的机械性的"语法"(Christianity's mechanical"grammar")——既包括了其积极形式,也包括了其消极形式。

Quantity 量	Quality 质	Relation 关系	Modality 模态
Unity 单一性	Positive 实在性	Substance-Accident 实体-偶性	Possibility-Impossibility 可能性-不可能性
Plurality 多数性	Negative 否定性	Cause-Effect 原因-结果	Actuality-Nonactuality 现实性-非现实性
Totality 总体性	Limited 限制性	Reciprocity or Community 协同性或交互性	Necessity-Contingency 必然性-偶然性[1]

尽管和现代心理学术语相比，康德的范畴看起来也许原始、概略而机械，但是毫无疑问，康德打开了一扇大门，一扇比以往任何时候都更广阔也更复杂的、使主体意识的特点概念化的大门。[2]清晰性(definition)、特异性(specificity)和精确性(precision)都无限增长了，就像把一个特点从属于另一个特点(而无需求助于一个先验的事实或者神明外在授权的真理)的可能性那样。简单地说，康德确立了一个基础，在这个基础上能够建立起一个新的"场"，这个"场"使一些不同性质的主体意识成为了可能。当它描述这些主体意识的时候，康德提供了审视迷宫内部的第一眼，而这唤醒了那些紧随其后的人们的注意力。

---

〔1〕 W. L. Reese, *Dictionary of Philosophy and Religion* (Atlantic Highlands, N.J.: Humanities Press, 1980), p. 277.(此处的译名参考了邓晓芒先生的译法，参见邓晓芒：《康德哲学讲演录》，广西师大出版社，2005 年，第 28-29 页。——译注)

〔2〕 甚至在像弗洛伊德的"投注"(cathexis)(这是一个误译，实际上应该翻译成"被转化的潜能"[graded potential])这样的术语里，我们也能看到和康德本人的梯度(gradient scale)强烈的相似之处。("投注"是心理分析术语，指把感情投注于人、事、物的心理过程。按照投注对象不同可以分为三种：自我投注[ego cathexis]，即把自己当做情感的对象，自恋者属于这一种；幻想投注[fantasy cathexis]，即把情感投注于虚无幻想中，白日梦者属于这一种；对象投注[object cathexis]，即把情感投放在某人、某物或某些团体活动上。——译注)

也许同样重要的是这一事实，即康德提供了一种系统的方法来分析内在授权自我的意识空间。显然，这是一种“内在授权式的”分析（an“empowered” analysis）——也就是说，这种分析是自我断言式的（self-predicated），并且不再回过头来倾听任何外在授权的神明的意见。但是，既然这种内在授权，同康德所暗示的与自然世界的共鸣（the resonance with the natural world）一道，成了他的分析的特点——这一特点最直接地被他的接班人浪漫主义者吸收了，我们因此将推迟讨论康德的系统方法的重要性。因为浪漫主义者将证明自己长于情感而拙于体系，他们的一些个人主义的革新也将被证明是有局限的，而且最终将无果而终。面对这种无果而终的局面，系统的分析将成为现代可资利用的少数几个工具之一。 89

三、浪漫主义的个人主义

“浪漫主义者”这个词，像“个人主义”这个词一样，能引起很多相互冲突的联想。[1] 就像克兰・布林顿（Crane Brinton）指出的，“‘浪漫主义’（Romanticism）和‘浪漫主义者’都是变化无常的词，严格的语义学者对之深感绝望。”[2]但是，即使是布林顿也承认，“浪漫主义的”这个词适用于一个被广泛接受的文学和哲学、艺术和音乐群体，这个群体共有某些关于“真、善（和）美”的典型看法。我们无需提出一个与莉莲・弗斯特（Lilian Furst）一致的浪漫主义的严格定义，她在谈到浪漫主义的一个特点时，曾指出，“把个人主义变成一种完整的世界观（*Weltanschauung*），并将其系统化，这是浪漫主义者的真正的创新——就他们的非理性主义，曾使所有关于观念的逻辑排序（logical ordering of ideas）都有可能成为一个严

---

[1] 参见 Lilian R. Furst, *Romanticism* (London: Methuen, 1976), pp. 1-14.

[2] Crane Brinton, “Romanticism”, in *The Encyclopedia of Philosophy* (New York: Macmillan, 1972), 7:206.

密的哲学体系而言。”[1]这么说也许是公平的，即浪漫主义代表着个人主义态度第一次融汇到了一种社会、文学和哲学运动当中，这个运动强调孤独的个体才是宇宙——至少是从人类观点出发来看的宇宙——的中心。就像施莱格尔(Schlegel)所说，“个性才是人最基本和永恒的因素。对这种个性形成和发展的膜拜，将会变成一种神圣的自我主义(a kind of divine egotism)。”[2]

但是，浪漫主义之个人主义的观点，更多地强调了自我发展。因为大多数浪漫主义运动都产生于该运动自身对待自我和宇宙的看法同它们之前的那些看法间的对比。值得老生常谈式的一再提到的是，浪漫主义者认为，18世纪已经以个体的私人情感方面为代价把宇宙过度理性化了，[3]他们力图通过恢复自我在情感和精神方面的正当位置来纠正这种不平衡。当我们想到浪漫主义的个人主义时，最常在脑海里浮现的，也许是用一种近乎神圣的坚定信仰来抵制18世纪的平均机制(the leveling mechanism)的浪漫反叛者的形象，包括布莱克(Blake)的特殊天赋、拜伦(Byron)对国教的强烈不信奉(the violent nonconformity)、德拉克洛瓦(Delacroix)的女神在路障前的抵抗、贝多芬(Beethoven)的交响颂的成功。[4] 在

---

[1] Lilian Furst, *Romanticism in Perspective*(London: Macmillan, 1969), p. 58；转引自 Lukes, *Individualism*, p. 68.(中译参见[英]史蒂文·卢克斯:《个人主义》,第63页。——译注)

[2] 转引自 Lukes, *Individualism*, p. 68.(中译参见[英]史蒂文·卢克斯:《个人主义》,第63-64页。——译注)

[3] 就像布林顿所说,“浪漫主义青年深深地沉浸于华兹华斯的《序曲》(*Prelude*),或者夏多布里昂(Chateaubriand)的《基督教真谛》(*Genie du Christianisme*),又或者歌德(Goethe)的《浮士德》(*Faust*)当中,除了对他们肤浅的伏尔泰时代的祖父所抱有的抽象观念和狭隘趣味的蔑视之外,再也感受不到其他什么东西了。”(*Romanticism*, p. 207)。

[4] 布莱克(Blake,1757-1827),英国诗人、版画家;德拉克洛瓦(Delacroix,1798-1863),法国浪漫主义画家,最富盛名的著作是《自由领导人民》,作品展示了硝烟弥漫的巷战场面,以一个象征自由的女神形象为主体,她高擎三色旗,领导着革命者奋勇前进。——译注

他们激昂而桀骜不驯的热情中，浪漫主义者成了个人新近被唤醒
的力量的证明，他们宣告了，或者他们认为他们宣告了个人的新时 90
代的开端。就在他们陶醉于自我所取得的中心地位(the centrality)的同时，他们也开始显露出纯粹个人主义所具有的一些令人不满的因素，这些因素在使他们成为个人主义典范的同时，也使个人主义到达了它最后的兴盛期。

作为一种文学和哲学运动，浪漫主义代表了一种我们可称之为内在授权自我的庆典的情形。个人——完全自觉而迫切地、最大程度地检验他或者她的意识力——是浪漫主义最重要的主题，浪漫主义艺术家所表达的态度，就是内在授权的自我的态度：自我是真理之源(就浪漫主义者而言，真理通过美而被揭示出来)和精神意义的宝库；寻找自我是实现真正完满的唯一途径；以及——显而易见——自觉的个体，特别是艺术家，会从人类的大多数中疏离出来。

浪漫主义和它之前的个人主义传统产生最大共鸣的方面，也许就是在自我的形成(the formation)中强调个人的力量。卢克斯谈到，“自我发展的观念在起源上(是)典型的浪漫主义式的”，[1]但是浪漫主义对待个体培养自身成长力量的态度，远远超越了自由主义的自我发展观念。因为浪漫主义者认为个人实际上是自我创生的(self-originated)；自我发现(self-discovery)等同于一个自我创造(self-creation)的过程。因此，浪漫主义诗歌当中对于精神自传(孤独的个体寻找、发现并由此创造自我的记录)的强调，就不只是一种自我创造，而且还是能够自我复制的真理的试金石。就像华兹华斯(Wordsworth)谈到那些已经获得了自我意识的头脑时所说的那样，

……那些更高贵的头脑

[1] Lukes, *Individualism*, p. 67.(中译参见[英]史蒂文·卢克斯：《个人主义》，第63页。——译注)

身怀辉煌天赋，宛若他们自身特有
这正是那种精神
他们操控整个宇宙罗盘的精神：
他们出自天生的自我
四处传播同源的变异；
因为他们自己创造了
一种相似的存在……

……肉体所能知晓的极乐
是他们的，
关于他们是谁的意识，惯于通过
91 每一种形象和每一种思想来灌输。[1]

艾布拉姆(M. H. Abrams)注意到了浪漫主义自传文学和奥古斯丁《忏悔录》之间的共鸣，他评论道，浪漫主义的教化史(*Bildungsgeschichte*)“把基督徒皈依和救赎的痛苦过程，转化成了自我塑造、危机和自我认识的痛苦过程，这一过程在一个充满自我一致、自我意识以及作为其自身奖赏的确定力量的阶段达到了顶点。”[2]《忏悔录》和《序曲》最主要的区别，是后者没有包含认可自

---

〔1〕 William Wordsworth, *The Prelude*, Rinehart Edition, edited by Carlos Baker, 1954, book 14, lines 89-95, 113-116.

（原文是：... that glorious faculty / That higher minds bear with them as their own. / This is the very spirit in which they deal / With the whole compass of the Universe: / They from their native selves can send abroad / Kindred mutations; for themselves create / A like existence....

... the highest bliss / That flesh can know is theirs-the consciousness / Of Whom they are, habitually infused / Through every image and through every thought. ——译注）

〔2〕 M. H. Abrams, *Natural Supernaturalism*, (New York: Norton, 1971), p. 96.

我创造行为的一神论形象。自我不再像在奥古斯丁那里一样，是“外在授权的”；自我就是**创造者**(*author*)。对浪漫主义者来说，自我的这种内在授权走得如此之远，以至于自我不仅仅对它自己来说，而且对于它所感知到的周围事物来说，都是意义的来源所在。就像华兹华斯所说的，“自始至终，客体(objects)……不是从它们本身实际上是什么，而是从那些熟悉这些客体或者受这些客体影响的人的思想赐予它们的事物中，获得了它们的影响力。”[1]实际上，浪漫主义的自我不仅仅是它自身的创造者，它所具有的感知力量也使它成为了宇宙的实际创造者。

自我内在授权的程度(level of empowerment of the self)问题，显然是康德哲学的延伸，有人也许会说，这仅仅是康德的即兴创作。浪漫主义者面对着一个休谟主义者(a Hume)就“纯粹”感知的正当性所提出的质疑而不动摇，他们不仅将感知确立为人类现实的正当基础，就像康德对待他的“自律意志”那样，他们还把康德所谓的绝对律令——关于真理的直觉知识——确立为对自我的颂扬据以产生的原则。不仅仅是认识论，还包括美本身。一旦被认为是神的光辉通过自然媒介的一种散发物，就会在个人身上根深蒂固。感知的能力，实际上也就是赋予客体以美——这种真理的最高形式——的能力，成了浪漫主义世界观里自我所具有的居高临下的地位的基础，也成了哲学家和诗人们对它予以关注的正当理由。蒂克(Tieck)[2]说过，“我想描摹的，不是这些植物，也不是这些山丘，而是我的精神，我的情感，正是它们在此刻支配着我。”[3]这是对康德世界观的神化：自我不仅发现自己是经验的中心，还发现它周围的世界只有在提供了自我表达的手段时才是重要的。

浪漫主义者，并不像他们关于自我和真理的声明当中所用的修辞可能会让我们认为的那样，是完全世俗主义的。就像绝对律

---

[1] 转引自 Abrams*Mirror and the Lamp*，(New York：Norton，1953)，p. 54.

[2] 蒂克(Tieck ，1773-1853)，德国早期浪漫主义运动的高产作家，批评家。——译注

[3] Ibid.，p. 50.

令在个人与宇宙之间假定了一种联系，一些浪漫主义者承认的也只是这种联系，他们对枯燥的理论化的人生观——他们从启蒙运动继承了这种人生观——的再度精神化(the respiritualization)的
92 强调，使得这种联系呈现出一些宗教的或者至少是高度精神化的暗示。在雪莱(Shelley)的著名比喻中，自我是风神(Aeolian)的七弦琴，经验的风透过琴弦微微吹动，创造出个人弹奏和谐乐章的美好音调。在某种意义上，这种态度使浪漫主义的自我不会受到强烈的孤立状态的影响，绝对的内在授权不可避免地会导致这种孤立状态。虽然个人和自然之间的和谐共鸣神秘莫测、令人困惑而难以理解，它还是为孤独的自我提供了一种伴奏，一个背景(a connection)，这个背景将会缓和人类经验之有神论基础消失后所带来的后果。

然而，个人和自然之间的这种共鸣本身，最终还是对深化浪漫主义自我的孤立状态产生了影响。实现这种共鸣的能力开始被人们看做是一种独特的天赋，或者说是一种非常难得而且只是偶然才能实现的普遍天赋，这种天赋使那些培养出它的人卓而不凡，但也同样把他们和他们的伙伴隔离开来。

> 我感到，
> 行为和环境的排列，以及可见的形式，
> 主要是为了头脑的欢愉
> 激情塑造了它们；同时
> 自然的各种形式本身也具有一种热情，
> 这种热情和人类的其他作品混合在一起
> 她通过这些作品向他发出召唤[1]

---

[1] 原文是：I felt that the array / Of act and circumstance, and visible form, / Is mainly to the pleasure of the mind / What passion makes them; that meanwhile the forms Of Nature have a passion in themselves, / That intermingles with those works of man / To which she summons him. ——译注

华兹华斯这么写道，他把自己称作“为了服侍神……而被拣选出来的重生的精灵”；

……对着开阔的领地，我做了
一个预言：诗的韵律
自然地（给我）穿上祭司的长袍〔1〕

然而，华兹华斯并不认为自己是一个祭司（这位祭司的职责是帮助那些精神上热切而投入的人）。他的工作已经完成了。

……尽管（太虚弱以至无法描述真理的道路）
这个时代退回到过去的偶像崇拜
尽管人类就像潮水落去一样，
倒退到奴役状态，堕入丑行和羞耻〔2〕 93

尽管很有天赋，但是浪漫主义的艺术家们“一定是孤独寂寞、不得安宁、备受折磨和饱经苦难的。”黑兹利特（Hazlitt）关于浪漫主义艺术家的描述，指出了浪漫主义的自我最终要走的道路：“他是从社会撕扯下来的一翼（a limb）……人类的面孔从他面前经过，就像是在一面反射镜里，但是他并不因同情或痛苦等通常的纽带而依恋他们。他被抛回到他自身和他自己的思想当中。”〔3〕黑兹利特的评论比萨特（Sartre）早了一百年。然而，这些评论可能已经很

---

〔1〕 原文是：... to the open fields I told / A prophecy: poetic numbers came / Spontaneously to clothe [me] in priestly robe. ——译注

〔2〕 Wordsworth, *Prelude*, book 13, lines 287-293; book 1, lines 53-54.（原文是：... though [too weak to treat the ways of truth] This age fall back to old idolatry, / Though men return to servitude as fast / As the tide ebbs, to ignominy and shame. ——译注）

〔3〕 Frank Kermode, *The Romantic Image*, London: Routledge & Kegan Paul, 1966, pp. 6, 7（引自 Hazlitt 的著作）。

好地描述了萨特的《恶心》(*Nausea*)、加缪(Camus)的《陌生人》(*Stranger*)、赫塞的(Hesse)[1]的《草原之狼》(*Steppenwolf*)这些作品中的主人公,或者许多现代“反英雄”(antiheroes)中的任何一个,他们把我们引到了个人主义谱系中的一个关键时刻:在这一时刻,自我——被完全内在授权的以及作为自身和它周围世界的创造者的自我,发现它自己是完全孤立的,和一切超越它自身的事物完全没有什么实质联系。通过描述在华兹华斯和科勒律治(Coleridge)时代广泛流行的看法(但是这些看法,也会告诉我们同样多的关于紧随浪漫主义运动之后而来的一些事情),艾布拉姆指出,浪漫主义的观念“已经演化成了在我们自己时代里具有支配性的一种诊断,也就是这样一个主张:即那个曾经很健康的人,现在病了,而在这一现代病的核心处则是他的破碎、分裂、疏远或者(用这些类似术语当中最富情感的一个词来说)“异化”。[2]

“异化”常常被用在当代话语中,我们也许会像很多人一样,把它作为现代和所谓后现代经验的一个标志。由于“异化”这个词的使用所开启的论题和学科的范围几乎无穷无尽,就像关于它在当代社会里普遍流行状况的评论那样。就我们的目的而言,分析一下个人主义和异化之间的关系,特别是分析一下从模拟-我(analog-I)、到外在授权的(authorized)自我、再到内在授权的(empowered)自我的发展运动造成异化的现代自我的那种方式就足够了。

因为在内在授权的自我与被异化的自我之间的关系问题的核心处存在一个悖论,它是一个关于外在表象(outward appearances)和内在实质(inner substance)的悖论。就外在而言,我们一定想知道,为什么关于自我在个人主义时代所体验到的完全自治的假设(这个假设显然是成功的)——就像我们已经看到的,这是一次胜

---

〔1〕 赫曼·赫塞(Hermann Hesse,1877-1962),德裔瑞士作家,作品涉及人类存在的两重性及艺术家的异化问题,包括《悉达多》(*Siddhartha*,1922)和《草原之狼》(*Steppenwolf*, 1927),1946 年获得诺贝尔文学奖。——译注

〔2〕 Abrams, *Natural Supernaturalism*, p. 145.

利，这一胜利触及了人类体验的身体、心理以及情感领域——会如
此突然和迅速地让路给像存在主义这样一些关于现代看法的阴暗
场景。在短短25年的时间里，贝多芬的《第九交响乐》何以会让位 94
于祁克果(Kierkegaard)的《恐惧与战栗》(*Fear and Trembling*)?
更具有实质意义的是，我们必定会问，个人在如此长的时间里、花
费了如此大的成本才完成的彻底的自我实现，为什么导致了如此
深切的不确定感和焦虑感？在经历了几个世纪的明显的成熟过程
之后，为什么个人变成了伫立于一片陌生土地上的陌生人。

对这些问题，我们也许无法给出确切的答案，但是对存在于像内在授权的自我和异化自我这一对完全不同事物之间的关系，尤其是就这种关系所具有的因果关联的程度给出一种解释，也许会告诉我们很多信息，这些信息不仅涉及我们自己时代里的自我，也涉及它在未来的发展道路。

本书的剩余章节将尝试分析这种关系，以及从这种关系中可
能会产生出的一些结果。 95

第七章　从个人主义到真实性

一、真实性与异化

探索浪漫主义与现代异化之间的关系，就像探索个人主义自身的线索一样，仿佛是一项被极度的复杂性弄得错综繁琐的任务。我们已知这一事实，即浪漫主义者本身已经出现了异化的征兆，这些征兆即使不同于我们和现代经验联系在一起的那种异化，也和它类似。[1] 我们也知道怀利·塞弗尔(Wylie Sypher)的评论，他指出，[2]自由主义传统一直充当着一种传送装置(a transmission device)，浪漫主义的态度正是通过它被带进了现代世界。但是，和关于个人主义起源的众多评论一样，这些片断为我们提供的画面同样是不完整的。关于个人主义起源的评论为我们提供了解释的线索，却无助于揭示该过程更深层次的结构——我们就是经由这一结构继承了我们今天所持有的观点。我们需要的，仍然是一种谱系性的解释，这种解释对于浪漫主义与现代异化之间存在的关

---

〔1〕 参见 Peckham, *Beyond the Tragic Vision*.

〔2〕 参见 Wylie Sypher, *Loss of the Self in Modern Literature and Art* (New York: Vintage, 1962), p. 26.

联能够提供某种理解。幸运的是，确实存在着提供这样一种解释的努力，尽管它表现出了很多不足，但仍然有助于我们更好地看清我们所面临的复杂性。

在《诚与真》(*Sincerity and Authenticity*)一书里，莱昂内尔·特里林(Lionel Trilling)[1]分析了一些转变。他认为这些转变发生在文艺复兴之后，是个人判断他或她的情感公开表达(avowals of feeling)的道德内容时在判断方式上的转变，更确切地说，是在"公开表达的情感与实际情感之间的一致"程度上的转变。特里林 96
认为，这些转变是随着社会等级——它曾经是衡量个人价值的手段——的崩溃而开始的，这些转变最终使他称之为真实性(authenticity)的东西成为了现代人所关注的焦点。[2]

特里林认为，对所谓真诚(sincerity)的关注产生于16世纪。当时，更高程度的社会流动性使一些个体能够离开他们出生的社会等级。但是作为整体来看，社会还没有准备承认他们拥有成为一个新的社会等级所必备的那些"品质"。这样的个人是可疑的，因为他们都像戏剧里的恶棍，"一个企图超越自己所出身的那个等级的人"。[3] 社会流动性由此使个人表现出他们以前从未有过的样子，这一事实需要一个新的基础，个人的性格品质能够根据这个基础来加以评定。既然这是社会结构(the social fabric)的动摇——实际上是彻底的变革，这种变革激起了对一种新的品质评价标准的需要，那么这种标准就必须满足社会了解个人价值的需要，同时也必须足够灵活，以便能够揭示所有个体的本性，而不管

[1] 莱昂内尔·特里林(Lionel Trilling，1905-1975)，20世纪美国著名批评家，生前为美国哥伦比亚大学著名教授。他继承阿诺德、利维斯以来的批评传统，侧重从社会历史、道德心理的角度评论文学和文化，被称为20世纪中期美国年青一代的思想导师，对当代批评影响甚大。——译注

[2] Lionel Trilling, *Sincerity and Authenticity* (Cambridge: Harvard University Press, 1972), p. 2.(中译参见[美]莱昂内尔·特里林:《诚与真》，刘佳林译，江苏教育出版社，2006年，第4页。——译注)

[3] Ibid., p. 16.(中译参见[美]莱昂内尔·特里林:《诚与真》，第17页。——译注)

他或者她社会出身的等级如何。这种个人品质检验据以能够进行的基础,最终是个人的“真诚”——在公开表达的情感与实际情感之间的一致程度。

特里林坚持认为,尽管我们可以把真诚看做是一种内在的个人标准,但是它却是作为一种社会标准起源的:真诚是他人眼中据以判断我们的标准;真诚是获得他人信任和信心的手段,而不是作为一种本身在道德上令人满意的目标被人们追求的条件。此外,人们希望社会像个人那样至真至诚,并根据社会在他们成员当中所带来的真诚度来评判他们。就像特里林所说的,“对真诚的强烈关注,在现代纪元肇始之时,已逐渐成了某些欧洲国家文化的特点,这种关注的形成似乎和一个重大公共事件,即对传统社会组织模式的彻底修正联系在一起。对传统社会组织模式的修正,在人们心目中产生出了一种叫做社会的实体。”[1]然而,真诚和社会之间的紧密联系并不是一种持久的联系,它本身可能就是文艺复兴时期信仰的残留物。这种信仰认为,公开表达的情感与实际情感间的一致,能够防止人们陷入欺骗人的危险当中。最终,真诚转化
97 成了一个目的而不是一种手段;成了一种个人独有的追求目标,而不是判断个人在社会当中价值的标准。在这个过程中,真诚开始以另一个名字,即真实而为人们所知,这种转变在很大程度上是作为浪漫主义者对个人和社会关系进行重估的结果而产生的。

特里林援引卢梭(Rousseau)作为对新出现的社会以及对重估个人与社会关系之看法的一个例子。对于卢梭来说,特里林写道,“社会的真实原则……乃是个人放弃个体自主(personal autonomy)以赢得他人的容忍和尊重”,[2]而对卢梭来说,既然他是个人主义者,这一原则就是绝对无法接受的。个人一定是首要的,社会只不过是一种必要的恶,而且几乎始终是个人成长过程中的一种

---

[1] Ibid., p. 26.(中译参见[美]莱昂内尔·特里林:《诚与真》,第29页。——译注)

[2] Ibid., p. 60.(中译参见[美]莱昂内尔·特里林:《诚与真》,第61页。——译注)

妨碍。“高贵的野蛮人”(noble savage)是为了抵抗社会的要求以及保持个人自主所必需的个人意志和力量的化身;“喜欢群居的”(sociable)男女则是狡诈和虚伪的体现——这种狡诈和虚伪被强加在了一切为了他人的看法而活着的人身上。

特里林写道,对于华兹华斯和许多浪漫主义者来说,对社会所强加给个人的行为标准的不满,和某些道德行为标准必然会存在——尽管是在个人层面上,而不是社会层面上——的长期确定性混合在一起,就产生出了一种新的标准,人们可以使用这个标准来衡量公开表达的情感与实际情感间的一致性(也就是真实)。以华兹华斯的“迈克尔”(Michael)作为这种新标准的原型例子,特里林写道,“根本就没有内在和外在之分:他和他的悲伤是一回事。因此,我们不要再说什么真诚。但是对迈克尔的存在,我们的感受……就其现实状况而言好像(是)一种例外……迈克尔像他举起或者放下的任何一块石头一样实在、坚硬、厚实、沉重和持久。”[1]特里林认为,这里所出现的,正是真诚作为对社会决定个人价值行为的不满而经历的那种转变的本质所在。个人特性,不再根据他或者她就公开表达的感受和作为一种社会习俗的实际感受之间**表达出**的一致程度来衡量,而是根据个人**体验**到的那种一致程度来衡量,而不管社会的感知和解释是怎样的。既然真诚是手段,真实就是目的,而且是只有通过个体才能被证明为正当的目的;置身事外的其他人可能会遭遇、承认以及甚至体验到个体的真实,但是他们不能证明这种真实是正当的,因为这只有对个人(他或者她)本身才是可能的。 98

这一看法暗示了在从真诚到真实的转变过程和充斥于现代社会的最终的异化体验之间存在着某种关联。尽管他的探讨所具有的平衡性(balance)是用其他术语来表达的,特里林关于追求从浪漫主义时代至今的真实,特别是艺术真实的叙述却是在社会——

---

[1] Ibid., pp. 93-94.(中译参见[美]莱昂内尔·特里林:《诚与真》,第91-92页。——译注)

更恰当地说是社会**存在**(the *presence* of society)——的作用在个人生活中日益增长的背景下出现的。[1] 19和20世纪,卢梭发现的、威胁着个人自主的力量,在所有人的生活中都扩大了它的影响,并创造出一种预兆性的、然而却令人疑惑的情形:道德的个体——在寻找和体验真实的过程中坚持不懈的一个人——逐渐变得越来越疏离于社会秩序(这一社会秩序不仅围绕着他或者她,而且似乎也正在增加着影响和冲力)。实际上,即使我们所有人都渴望真实,就像浪漫主义者所暗示的,无论他们可能多么不愿为这种渴望寻找到真正的满足,然而由于社会的扩张,社会当中的每个人也都会体验到和社会的疏离过程,而且,他们追求真实的欲望越大,他们疏离的程度也就越大。

因此,正是这种个人主义,通过寻找真实,走向了异化。"真实的"(authentic)这个词来自于拉丁语"authenticus","authenticus"表示的是"一个以自己之力做所有事情的人"(one who does anything with his own hand)。[2] 显然,完全自我实现了的个人——我们一直称作内在授权的自我——是以他或者她自己的力量做所有可做之事的人。特里林的"真实的"自我,代表了处于巅峰状态的个人主义:它在道德上是自我外在授权(self-authorized)和自我证明的(self-validated)。然而,社会对这种"真实的"自我并没有——确实,也不会——感到舒服,因为如果自我是唯一能够提供授权和确证的力量(agent)的话,社会就根本不可能拥有据以评判个人之道德结构(the moral fiber)的基础。从定义上说,社会是一个集体,它的很多评判一定是以一种以上的观点为基础的。但是

---

〔1〕 特里林之前曾指出,"与王国或者国度(realm),以及甚至霍布斯使用的'国家'(commonwealth)这个词不同","社会"是一种相对较新的现象。特里林认为,个人可以对社会做出批评性理解,而且社会也是易于产生变化的。(Ibid., pp. 19, 26)。(中译参见[美]莱昂内尔·特里林:《诚与真》,第19、29页。——译注)

〔2〕 *Webster's New Collegiate Dictionary*, Springfield, Mass.: G. & C. Merriam, 1959, p. 59.

基于同样的理由,真实的个人主义(authentic individualism)一定是源于个人一己之力,它也同样不受集体之确证或者反对(the validation or condemnation)的影响。

纯粹的个人主义和社会之间的这种固有冲突,使我们不得不重新思考上面提出的假定。即我们所谓的"个人主义时代"代表了外在"授权式的"影响在确定真理过程中的衰落(the shedding)。因为显而易见的是,个人主义如果扩展到极致的话,和集体的需要 99
是不相容的——集体希望能够拥有共同的基础,根据这个基础我们能够对个人价值作出判断。而且必须指出的是,尽管个人主义时代代表了一种具有深远革命性的转变——我们不再使用原有的、判断个人价值的社会标准,然而社会仍然提供了一个背景,在这个背景里,我们能够实现一些新的更加个人主义的看法。个人主义者仍然是一个个体,而且继续投身于——如果不是维持现状的话(尽管这是可能的)——社会的改造事业(the transformation)。

但是一旦真实变成了发生于19世纪的、特里林称作道德修正过程(the process of moral revision)的急务时,[1]社会就变得受人诅咒了。卢梭的敌意(antagonism)就变成了尼采(Nietzsche)的敌对(hostility);霍布斯的"不与正确的理性相悖……所有人都按照正义行事"[2],变成了库尔茨(Kurtz)在《阴暗的心灵》(*Heart of Darkness*)里的观点,用特里林的话来说,就是"文明是……如此不真实,以至于只有通过颠倒它公开宣称的所有原则,我们才能从中夺回个人的完整性(personal integrity)。"[3]从强调真诚到强调真实的转变过程,是个人主义遗产的最终胜利,也是现代异化的开始。

---

[1] Trilling, *Sincerity and Authenticity*, p. 1.(中译参见[美]莱昂内尔·特里林:《诚与真》,第3页。——译注)

[2] 转引自 Macpherson, *Political Theory*, p. 76.(霍布斯这句话的中译参见霍布斯:《论公民》,应星、冯克利译,贵州人民出版社,2003年,第6页。——译注)

[3] Trilling, *Sincerity and Authenticity*, pp. 109-110.(中译参见[美]莱昂内尔·特里林:《诚与真》,第108页。——译注)

三、真实和自我指称[1]

特里林关于后浪漫主义时代的讨论和我们有关的另一个方面，是他对现代艺术证明自身过程所具有的循环性质(the circular nature)的讨论。他的讨论并不像我们希望的那样简练。在本质上，它认为，随着社会影响以及与之相伴的个人异化程度的增加，艺术家对于能够唤起真实体验的物质的追求，变得越来越取决于是否能够唤起现代生活的不真实性(the inauthenticity)。换句话说，如果现代个体生活正变得日益不真实，那么唯一真实的——也就是说，忠实于生活的——艺术宣言，就是对不真实的描绘。[2] 艺术家变得有点像牧师，为观众提供关于真实的体验，并谴责不真实——无论它可能在哪里出现。

在特里林的眼里，这一趋势暗含着巨大的危险性，而且尽管我们不赞成其预言当中的所有含意，他这个分析的精髓，对于我们自
100 己的分析来说，仍然具有重要意义。[3] 特里林认为，由于"艺术作

---

[1] 自我指称(self-reference)，也译"自我指涉"。逻辑上的自我指称会构成陈述的荒谬和无意义(比如：世界上唯一的真理就是没有任何真理)；而文学上的自我指称则会造成内容的空洞苍白，并陷入一种镜像的循环(比方说：从前有座山，山上有座庙，庙里有个老和尚和小和尚，老和尚在和小和尚讲故事：从前有座山……)。在本章，作者提到了"真实"所具有的自我指称性：现代社会，唯一的真实就是描绘不真实；也提到了"自我"的自我指称性，即自我使用自己的感知作为判断善恶、真假的唯一参照，使个人成了真理的唯一裁断者。——译注

[2] 参见 ibid., pp. 102-105.(因没有直接引用的内容，译者无法精确确定中译页码，中译内容大概范围参见[美]莱昂内尔·特里林：《诚与真》，第 96-102 页。——译注)

[3] 关于特里林及其批评者和支持者观点的全面论述，参见 Thomas Bender, "Trilling and American Culture", *American Quarterly* 42, no. 2 (June 1990): 324-347.

品……(被)认为是完全由于它自身的法则而存在",[1]因此它就变成了注定会不断退化的未被指称也不可指称的实体(an unreferred and unreferrable entity):因为现代生活的不真实要求"真实的"表达,艺术,也许不知不觉地,恰恰使它所声称要去揭露的不真实不朽了,并导致了一种熵值周期(an entropic cycle)[2],这一周期只不过是强化了和每一次螺旋运动(gyre)相伴随的、由"真实"所描绘的那种不真实的程度。

对现代美学的讨论本身是我们的分析不可能绕过的一个迷宫,但是特里林的讨论潜在关切谈到了我们自身就个人主义在现代世界里的性质所必须追问的一些问题。因为显然,构成个人主义发展过程(我们一直在追溯这一发展过程)之基础的那些逻辑具有的含意,和特里林归之于他所谓的真实性所具有的含意是类似的。如果个人主义,像我们曾说的,是使个人成为真理之最终裁判者的一种信仰体系,那么无论促成这一体系诞生的前提假设——戴维·里斯曼这些学者充分证明和尊重这些假设——多么令人赞叹,[3]我们都必须自问,要具备哪些安全措施,个人的自我指称性(individual selfreferredness)才能得到保护,而不会受到一些隐患的危害——这些隐患包含在那些最初被看做是其革新和解放力量之源的事物(即个人主体感知[subjective personal perceptions]的价值)当中。此外,如果我们不愿听任自己受社会变化之无益方面(the futility)的影响,就像特里林在其著作的末章里看来的那样,我们就必须自问,使个人主义存续下去的各种意义是什么,当个人主义确保的,并不是社会和个人这些对立力量间的冲突,而是一方逐渐撤回到与外界隔绝的孤独状态中去而另一方则加大了它对孤

[1] Trilling, *Sincerity and Authenticity*, p. 99.(中译参见[美]莱昂内尔·特里林:《诚与真》,第 97 页。——译注)

[2] 熵是对物质系统当中不能用于做功之能量的度量,熵的增加,意味着越来越多的能量不能转化成机械功。也被借用在社会科学中表示人类社会的某种状态。——译注

[3] 参见上文,第一章。

独、隔绝的大众的影响。

这些问题和本书中的其他问题一样，是一些影响深远的问题，这些问题不可能会有简单明了的答案。然而，如果在个人主义的看法出现并且最终取得胜利这一背景下来看待这些问题的话，就这些两难处境和悖论是如何被包括在这些我们将要涉及的问题中的方式，它们也许会提供某些洞见。就此目的而言，以一种更明确的风格叙述特里林在探讨真诚和真实问题时和我们追溯个人主义的发展过程相呼应的一些方式，看来是有益的。

首先，在我们所谓的占有性个人主义的出现和对某种新标
101 准——即真诚——的需要（按照特里林的观点，这是为了使社会成员能够判断每一个体的个人价值）之间，存在着明显的相似之处。然而，特里林的讨论没有强调，这种发展是个人的一个凯旋时刻，而且也是对先前社会规范所具有的影响力的一次打击，因为它代表了从社会性规范到更加个人主义的标准的发展。尽管特里林这么说可能是正确的，即作为衡量个人价值的标准。真诚是受各种社会因素支配的一个标准。但是他却没有充分认识到，这种发展本身是他归之于后浪漫主义时代的那个异化过程中的第一步，因为这一发展为一些更严苛也更具有先定性质的标准——比方说血统（先前的一些社会秩序就是建立在这一标准之上）——敲响了丧钟。换句话说，我们几乎可以把社会异化这一苦果的起源，追溯到个人主义的种子开花的那一刻。一旦个人认为他或者她判定自己的价值是理所当然的（就像我们已经看到的那样，这是宗教改革的一个结果），那么个人和社会间的冲突就不但是内在的，也是紧迫的。

就所谓的主观个人主义而言，特里林的分析并没有为我们提供多少内容。尽管他提到了古斯朵夫（Gusdorf）的“内在空间”概念和拉康（Lacan）的论点，即“镜子的制造促进了‘我’（*Je*）的发展”，但是对于这些发展怎样才能和他的分析吻合，他仍然没有得出结论。尽管他谈到了“16 世纪晚期和 17 世纪早期”历史学家当中的一致观点，即“某种类似于人性突变（a mutation）的东西发生了”，特里林归因于这些心理变化的意义却是：“类似于我们今天理

解的社会观念已经开始形成”。很大程度上正是通过把无意识广泛接受为人类经验的一个“真实”方面，特里林确实暗示了无意识成为现代世界里个人之试金石的方式，但是他这么做，主要是为了分析他所认为的、在人类无意识和个人赖以生存的社会秩序的要求之间存在着的、似乎无解的冲突。[1]

特里林主要强调的，是“真实的人”(authentic man)已经作为对加诸个人身上的那些要求的反对而出现了。但是他没能完全分离并鉴别出这一发展过程中所固有的相互关系，这不仅暴露了其分析所存在的缺陷，也暴露了一种更加普遍的现代的无能(inability)，即人们没有能力分析在个人和社会间存在的冲突的性质，特别 102
是这种冲突作为一种辩证法——也即社会或个人一端的生长由此导致对另一端更大程度的疏离这种几乎共生的过程——的那种或者那些方式。

我们在后一章里会回过头来讨论这些问题。然而，如果占有性个人主义和主观个人主义都是在和社会加诸个人身上的那些限制的冲突中产生的，那么浪漫主义的个人主义——特里林的现代“真实性”的源头——就更是如此。黑兹利特关于浪漫主义艺术家是“从社会撕扯下来的一翼”的描述，就像我们已经说过的那样，是浪漫主义的个人主义最重要的特点之一。对特里林来说，这是真实作为个人价值之尺度出现过程中最重要的特点。但是无论我们赋予浪漫主义幻想的这一特点相对于其他特点以怎样的优先性(priority)，这显然是浪漫主义的继承人后来感觉到的那种异化的源头。

此外，浪漫主义的幻想未能传播到现代这一事实，也有助于解释作为现代异化特征的那种荒凉和黯淡局面。因为就像我们在第

〔1〕 参见 Trilling, pp. 19-25(中译参见[美]莱昂内尔·特里林：《诚与真》，第 19-25 页——译注)。特里林似乎错误地认为拉康把他称之为“镜像阶段”(the mirror stage)的事物归之于历史上的镜子制造；参见 Lacan, “Mirror Stage as Formative of the Function of the I”, in *Ecrits: A Selection*, trans. Alan Sheridan (New York: Norton, 1977)。也请参见特里林著作的第九章，“The Authentic Unconscious”。

五章指出的，浪漫主义者并不像他们关于自我的声明使他们看起来的那样世俗化。他们赞同自然具有神秘的再生力量，也就是艾布拉姆所谓的“自然的超自然力”(natural supernaturalism)，这为他们提供了一种缓冲，即针对加缪刻画为荒谬的事物——即“自然”会用来“否认我们”的那种关于强度的体验(the experience of the intensity)——的缓冲。[1] 但是特别是随着工业时代、科技革命的开始，以及大众社会在 19 和 20 世纪的诞生，一种仁慈的自然秩序(a benevolent natural order)的观念开始消失了，这使个人完全疏离于社会秩序，却无法获得像绝对律令或者自然的精神化作用这些事物提供的救赎。由于前景缺乏再生的特性，现代世界观成了一种充满“恐惧与战栗”以及“恶心”的世界观。表面上看似成功的内在授权的自我，被简化成了一个“非理性的人”，通常徒劳无益地寻找着“存在的勇气”。[2]

个人主义态度在 18 和 19 世纪开花结果，因这一胜利而获得内在授权的自我，由此变成了 19 世纪晚期和 20 世纪“真实”的然而却异化了的自我。尽管内在授权自我的出现，导致了我们所谓的宗教和社会秩序(内在授权的自我就出现于这些秩序当中)所具有的
103 外在授权元素(the authorizing elements)的逐渐蜕落，但是当个人主义开花结果之时，这些授权因素的蜕变过程仍然没有彻底完成。个人主义时代尽管比它之前的时代要世俗化得多，却仍然保留了一种高度的超自然的元素，以缓和因直面一个对人类幸福漠不关心的宇宙所带来的那种严酷状态。当浪漫主义时代结束时，这些

---

[1] Albert Camus, *The Myth of Sisyphus*, New York: Random House, 1955, p. 11.(中译参见[法]加缪：西西弗的神话，杜小真译，陕西师大出版社，2003 年，第 16 页。——译注)

[2] 《恐惧与战栗》(fear and trembling)是丹麦神学家和哲学家祁克果(Soren Kierkegaard, 1813-1855)的作品；《恶心》(nausea)是法国存在主义哲学萨特(Jean Paul Sartre, 1905-1980)的作品；《非理性的人》(irrational man)是美国存在主义哲学家威廉・巴雷特(William Barrett, 1913-1992)的作品；《存在的勇气》(the courage to be)是美国基督教新教神学家蒂利希(Paul Tillich, 1886-1965)的作品。——译注

元素最终消失了，只留下个人孑然伫立在一幅荒凉的宇宙哲学景象里。

此外，当世俗化过程最终要完成之时，它面对的是这样一种背景：即个人正高度——我们几乎可以说是彻底地——疏离于那个仅存的真实(tangible)环境：社会。在缺乏康德和浪漫主义者可资利用的那些超自然的基准点的情况下，展示自身的唯一的基准点就是社会。但是不仅就外在授权的目的而言，而且就其作为检验我们自身之个人主义感知的手段而言，社会作为一个基准点都是天生不可接受的。完全内在授权的自我逐渐成了完全孤立的自我，不再受那些外在“授权”力量(这些力量一直在延缓[mitigate]其内在的授权过程)的约束，但又似乎在由于它们的缺席而造成的空虚状态中动弹不得。

这把我们带回到了自我指称问题(self-referredness)，特里林是把它作为一个美学问题提出的。他指出，现代生活的普遍不真实已经使艺术家陷入了这样的境地，即他们认为只有描绘不真实才是真实的艺术表达。但是我们可以用一些更宽泛的(larger)术语来表达这个问题。我们很可能会问，如果作为一种完全自我指称的实体(a fully self-referred entity)，自我唯一的出发点就是它的孤立状态，而且其个人主义的那些假定使他——也就是个人——成了真理的唯一裁断者的话，那么内在授权的、然而却是异化的自我怎样才能发现一条走出他那令人苦恼的孤立状态的道路呢？在个人主义的这些假定里，是否有一些事物暗示了个人所体验到的这种异化的孤立状态是值得怀疑的呢？

答案也许是否定的。如果从极端的角度来看的话，个人主义是一个封闭的系统(a closed system)。它提出个人对真理的评价具有绝对的正当性，但是在这个过程中，以及作为这样一个事实——即它曾代表着和更古老的竞争观点相冲突的一种革命性观点——的结果，它也排斥了其他标准。个人主义的力量在于，它把个人从迷信以及沉闷的传统的多重镣铐中解放了出来；它的缺陷则在于，它把个人装进了一个信仰体系，这个体系只能复制和确认 104

它自身的主体性。[1] 尽管在一个感觉良好、充满乐观主义和强烈社会凝聚力的时代里(比方说文艺复兴时期),这种缺点说明不了什么特别的问题,但是在一些更黑暗也更加令人困惑的时代里(比方说我们所经历的 20 世纪),它却有可能被一种挥之不去的深深的绝望所利用。

特里林根据现代艺术家的困境所作的评论,也可以适当扩展,从而广泛适用于现代生活。如果孤立和绝望是现代个人的体验,该体验是否正当的问题就不难回答:由于个人体验到了它,它就必然是正当的。而且,由于我们关于人类感知之正当性(validity)的观念和人类感知在道德上的"正确性"(rightness)的观念在历史上是强烈地彼此依赖的,[2]以至于我们有时会断言,异化和孤独是人类体验的"正确的"(right)本质——或者最起码是"真实的"(authentic)本质。[3]

主观个人主义这些前提假定的一个继承者——心理分析——表明了这一过程仍然在发挥作用。整体来看,心理分析可以被认为是模拟-我的最终产物,是基督教宇宙论内在授权的形式(the empowered form of the Christian cosmology),也是康德式的"知识体系论"(architectonics)的逻辑延伸。这是显微镜下的模拟-我,它受到了经过专门训练的科学家细致入微的审查,并且被勘查测绘,就仿佛它占据的是一个自然空间。此外,就像特里林和其他人已经指出的,心理分析能够容纳一种隐含的道德(an implied morality),即特定事物"应该"如此,而其他事物则不应如此的一种感受。[4] 然

---

[1] 关于这种复制过程如何反映出所谓的后现代生活是毫无意义的,经典的论述也许是 Frederic Jameson,"Postmodernism; or, The Cultural Logic of Late Capitalism", *The New Left Review*, no. 146,(July/ August 1984).

[2] 参见上面第二章。

[3] 萨特关于个人无法避免的主观性(subjectivity)的观念是这种看法的典型例子。

[4] 参见 Philip Rieff, *Freud: The Mind of the Moralist*, (Garden City, N. Y.: Anchor), 1961.

而，这种隐含的道德并不受外在指涉物（external references）控制；尽管心理分析由于其规范性受到了批评，[1]它的规范却是以一种突出的自我指称性（self-referentiality）为基础的，而不是以诉诸上帝、财产或者一种救赎性的自然秩序为基础的。自我的需要乃是心理分析的核心所在。

弗洛伊德本人曾在他自己的时代里被错误地描述成了导致道德“放纵”（loose）的凶手，他深刻意识到了由绝对的主观性所代表的危险，而把心理分析看做是减轻这些危险的力量；有人甚至认为他是反个人主义的。[2] 然而，就像弗洛伊德最终的权威著作《文明及其不满》（*Civilization and Its Discontents*）所证明的那样，心理分析的基础仍然深深植根于个人主义的传统当中。在这本书里，弗洛伊德对个人和社会间的冲突、个人本我狂暴的欲望和社会为了消除（satisfying）这些欲望而施加的限制之间的冲突作了经典论述。尽管弗洛伊德本人至少在某种程度上反映了下一章所探讨的反个人主义的传统，他关于自我和社会之间冲突的描述显然是个 105
人主义的。

对于自我和社会间的冲突，弗洛伊德没有找到任何解决办法。他作出了一个隐含的假定，即个人的本能冲动，即使是不“好的”，它们也是人类经验所具有的一些正当特性；是认识论图景上不容置疑的一些事实。此外，弗洛伊德反对所有这样的意见，即这些冲动容易受到改造行为（transformations）的影响，这些改造行为将使

〔1〕 参见 Daniel Yankelovitch and William Barrett, *Ego and Instinct*, (New York: Random House), 1970.

〔2〕 参见我的文章“Freud and Individualism”, *Partisan Review* 59, no. 1, (Winter 1992). 这篇论文不寻常的发表史，也许强化了关于一个思想家是“个人主义”还是“反个人主义”倾向的这一论题当中存在的情感负担。最初，《心理分析评论》（*Psychoanalytic Review*）“热情地”接受了这篇文章，这家杂志是最早发表弗洛伊德英文论文的刊物，但是后来关于这篇文章的（并且显然是热烈的）一个讨论使委员会改变了主意，虽然这篇文章已经到了修改校样阶段；他们给我的理由是，弗洛伊德和心理分析都致力于充分培育自我，因而不可能是“反个人主义的”。

它们变得更容易接受社会的要求。他写道，所有这样的努力，只是使个人经历到的那种挫败感变得永久却并没有减轻它。此外，尽管弗洛伊德并没有认可个人冲动的永恒性，他却把个人冲动的不可避免性以及它们有效而令人满意地被社会改造的可能性，当成了不仅是他最后完成的这本书，也是这本书所代表的毕生工作的出发点和最终结论。

特里林本人同意弗洛伊德的观点，并将之描述成对于“历史上人类生活苦难带着骇人的兴高采烈”的一种弥尔顿式的默许。[1]但是假如对于真实性之膜拜(the cult of authenticity)的这些公开和暗含的批评(这些批评散见于特里林的分析的各处)既定的话，看来有些让人意外的是，他本该乐于支持弗洛伊德的观点才对。我们一定会问，对真实性的膜拜和心理分析——至少像《文明及其不满》以及其他地方对个人冲动之永恒性的描述所表现的那样——不是仍然扎根于自我指称的(self-referred)个人主义传统(这一传统确立了个人感知是不可通约和不可改变的)当中吗？这二者不是又都掉进了特里林归之于现代艺术家(这些艺术家把对不真实性的表达当成了唯一真实的艺术努力)的陷阱里了吗？

特里林对当代精神病学界提出了质疑，精神病学界里的一些人把精神病描述成是从不真实社会现实的束缚当中“解放”出来。他问道，“一个曾经和患精神病的朋友打过交道，或者曾经试图和他打交道的人……难道无法看出，对人类关系(human connection)的强烈拒斥……表明(了)……既不应当因为其他同伴同等的存在而得到证明也不应当受到它的限制吗？”[2]确实，“人类关系”和“同样重要的存在”这些观念，在对真实性的膜拜当中看起来似乎不合时宜。并且在《文明及其不满》(在这本书里，这些观念被认为是实际的[practical]，而不是转换生成的[transformational])所描绘的

---

〔1〕 Trilling, *Sincerity and Authenticity*, p. 157.(中译参见[美]莱昂内尔·特里林:《诚与真》,第152页。——译注)

〔2〕 Ibid., p. 171.(中译参见[美]莱昂内尔·特里林:《诚与真》,第163-164页。——译注)

自我和社会的冲突当中无疑只具有一种很成问题的重要性。在这
两种观念中,人类关系都没有为个人提供舍己为人的机会。此外, 106
人类存在所具有的关系性的一面(the relational side),几乎从个人
主义的词典里消失了。尽管我们的词汇,或者"词汇场"在描述个
人认识论方面的词汇是丰富的,然而,就描述关于关系的认识论
(the epistemology of relationship)的词汇而言,它却很贫乏——我
们甚至可以说完全不存在。

于是我们就被带到了这两个问题面前。第一个主要是规定性的
(prescriptive):在内在授权的自我的时代里,个人主义已经变成了一
种把自我拖向越来越深的孤立状态(这种孤立状态曾经解放了个人)
的同义反复了吗?第二个问题则主要是禁止性的(proscriptive):关于
关系的认识论可以提供一个从个人主义的循环中逃脱的出口吗?如
果确实可以提供的话,它又如何提供呢?[1] 107

---

〔1〕 prescriptive 和 proscriptive 在这段话里的意思非常令人费解,但是译者查遍了所有可用的资源也没有找到更合适的译法,因此只好按照通行的译法译出。并恳请方家指正。——译注

第八章　逃离自我的迷宫

我们已经看到，当个体对于独自做出判断越来越自信，从而不受外部(从国家到教会)施加的限制和结构约束时，自我作为评价真理的一种关键模式、甚至是突出的模式是怎样发展起来的。我们同样也已经看到，当自我出现时，模拟-我占据的“空间”增加了。我们可能会把这看做是规模上的增加——康德时代模拟-我的空间要比荷马时代“多”，或者只是看做人类理解在清晰程度上的增加——过去一直存在的事情，在康德时代比在荷马时代在理解上更加清晰了。但是如果我们接受杰恩斯的论点，即曾经并不存在的模拟-我是在某个时刻才最终开始出现的，那么这种增加就必须从规模和复杂性两个方面来看待：自我开始成长，并且变得日益复杂，与此同时它也开始更加了解自身。

实际上，理解力的增进(the enhancement of understanding)和自我的规模以及复杂性之间存在着一种不言而喻的相互作用：此一方面的增加必然意味着彼一方面的增加。随着模拟-我更加了解自身，其理解力提高了，这种提高又扩大了模拟-我本身的范围，并创造出以前从未有过的一些细微差别和微妙之处——这些细微差别和微妙之处本身又吸引着人们去理解它们，并由此使这一过程永远持续下去。这种能使自身长存不衰的动力，似乎是命运对人类生存的一种意外恩赐。当自我力图理解自身的时候，它增进了人类为自己考虑的能力，但是一件事情，即自我指称问题除外。

我们已经看到，自我和社会之间联系的逐渐凋萎如何使自我和所有指涉点(point of reference)分离开来，正是通过这些指涉点，自我才能确立其感知的正当性——从定义上说，这些指涉(references)无论如何本该恰恰一直是个人主义真实性质的妨碍物——而我们已经看到了特里林的关注，即现代美学上的自我指称怎样预示着有可能变成一种熵值周期，这种周期将会使它声称要揭示的那种不真实长久存在下去。把这种关注延伸到现代个人所面对的困境当中看来是合理的，特别是在这样的情况下，即我们已经看到了，在增进自我理解和增加自我本身的规模以及复杂性之间存在着相互的作用力。因为如果我们把个体自我必定是所有真理的裁判者这一点确立为我们的基本前提的话，那么为了对真理做出自信的评价，自我就不得不了解自身。然而，根据定义，如果获得自知之明的过程不仅扩大了我们正试图理解的事物的范围，而且使它变得更加复杂的话，那么随着每一次寻求理解的努力，我们都引发了一个需要探索的新领域，一些我们不得不熟悉的新范围，于是我们又不得不去获取新的自知之明。

这一困境有两个结果。首先，既然作为个体，我们感受到了和对真理做出精确评价相关的一种深刻要求(imperative)，我们就不可能满足于这样一种状况，即直到我们已经有了和完全的自知之明(自我及其理解力之间的相互关系，使得这种自知之明很难获得)相伴的信心时，我们的评价才是真实的。其次，对于我们理解个人主义在现代的困境或许也是最重要的，是我们完全理解自我的愿望存在一种风险，即它有可能成为对一个迷宫的永无止境的探索过程。随着探索的每个新旅程，这个迷宫的规模和复杂性都在增加。我们也不会因为忒修斯(Theseus)的把戏——也就是在我们以前到过的地方留下一些记号[1]——而感到安慰，因为我们

[1] 忒修斯是希腊神话中的英雄，为了杀死克里特岛上的牛首人身怪物米诺陶洛斯，按照阿里阿德涅公主的指点，把一个线球的一端拴在迷宫入口，然后放着线通过曲折的路途来到米诺陶洛斯的栖身之地，用魔剑杀死了这个半人半牛的怪物。——译注

探索的每个旅程，都会产生一些更加吸引我们的旅程。

此外，我们所追寻的目标，显然并不是逃离自我的迷宫；我们所期望的，是确信我们的评价是正当的，而唯有对迷宫有全面的了解看来才能提供这种确信。一个新的出入口出现了，它就像女海妖塞壬(siren)[1]的歌声，以我们正在寻找的、关于这种确定性的可能性诱惑着我们。现代思想中各种各样的趋势都能由此看到：现象学，强调个体人类经验的现象是理解人类存在的钥匙；存在主
109 义，主张存在先于本质，努力使人类经验(如果不能完全被人了解的话)无论如何成为人类选择的产物，并由此把它置于一定的背景当中，因而使之更可靠；[2]结构主义(通过它各种各样的不同的形式)，则是一种知识方法，这种方法试图通过把思想所有的组成要素系统化，并因而为这个迷宫创造一个罗塞塔石碑似的指南[3]，从而驱散思想的主观性。[4] 甚至现代心理学，以及特别是心理分析，在

---

[1] 塞壬是希腊神话中半人半鸟的海妖，常用歌声诱惑过路的航海者而使航船触礁毁灭。——译注

[2] 萨特《情感：理论大纲》(Sartre, *Emotions: The Outline of a Theory*, New York: Philosophical Library, 1948)一书的导论部分(第1-21页)，既提供了一个现象学方法的极好例子，也提供了一个存在主义方法的极好例子。

[3] 罗塞塔石碑(Rosetta stone)，1799年在埃及罗塞塔镇附近发现，该碑的发现为解读古埃及象形文字提供了线索。——译注

[4] 这一讨论无疑会使一些读者失望，因为它未能详尽地论述米歇尔·福柯以及诸如此类一些人的著作，这些人认为主体和自我这些概念，恰恰是权力关系的产物，并因此更有可能通过分析来消除，而不是通过"人文主义的"(humanistic)解释来加以确认。这里说的很多东西，和福柯关于从"古典自我(the classical self)到现代主体(the modern subject)"(*The Foucault Reader*, New York: Pantheon, 1984, pp. 350-372)的讨论非常相似。在这个方面，福柯的著作无疑是属于在上一个150年间出现的反个人主义的传统。

然而，福柯的重要性既是认识论上的，也是分析性的，他的认识论，对传统心理学和人类学(这些学科对于本讨论所展示的认识论偏好[bias]是首要的)的正当性提出了质疑，可能使我们的两种方法无法相容。

它们把人格的不同方面加以分类时，也以它们更博学和激进的形式，揭示了一种展开自我无限可能性的趋势。[1]然而，这些似乎丝毫没有提供一种确定感，而正是这种确定感构成了研究的基础。似乎没有什么事物，能够以一种会使个体对他或者她就真理的评价感到完全自信的方法，来确立自我的性质。因此，毫不奇怪，现代自我的呼喊一直是（用第一章里的一个评论来说），"我思，故我在——但是既然我对我之所是并不确定的话，我怎么能够确定我之所思的正当性呢？"[2]

同样毫不奇怪的是，现代已经开启了一个时代，在这个时代里，人们逐渐质疑个人主义作为人类行为基础的功效。这些质疑作为一种舆论氛围体现出来，这种舆论氛围在不同程度上暗示了个人能够或者应该是真理最终裁断者的信念充其量只是表达了一些局限性（the limitations）——人类（the human animal）正是在这些局限性下辛勤劳作，而在最坏的情况下，这种信念则是一种完全错误的和令人误导的观念。

正如我在上文中指出的，弗洛伊德也许是第一种看法的间接倡导者。确实，把弗洛伊德的大多数作品归入个人主义传统是恰当的。这些作品使个人成了认识论风景不可化约的一个特征，并且异乎寻常地几乎不受大部分表层改造（the most surface of transformations）的影响。然而，如果个人具有永恒不变性（immutability）

（续上页注）目前的这个讨论，就像杰恩斯的讨论一样，假定了人类发展心理特点随时间流逝而表现出的连续性。就像沃尔特·昂指出的，像福柯所持有的这些方法表明，它们"根本不关注历史的连续性（这些连续性是心理学上的连续性）"（Orality and Literacy, p. 166），也请参见上文导论中的那些评论。

〔1〕 参见，例如 R. D. Laing, *Divided Self*, (Chicago: Quadrangle Books), 1960.

〔2〕 不过作者借用的只是这个评论的形式，而在内容上做了变换，因为上文中的评论实际上是："我思，故我在（I think, therefore I am）——但是既然我根本无法确定我之所思（what I think）的正当性，我又怎么能确定我之所是（what I am）呢？"参见原书第 20 页。——译注

的话，弗洛伊德本人就透露出了一些看法，这些看法间接表明了他对于他所描述的这种生物怀有深深的疑虑。菲利普·里夫（Philip Rieff）曾把弗洛伊德的观点说成是“关乎道德的”（moralistic）。他说，“弗洛伊德把对自然的科学怀疑带入了伦理学当中”，[1]而弗洛伊德和心理分析，尽管对个体人格的可变性（mutability）持悲观态度，但他们对于距离（distance）和客观性（objectivity）是我们必须全力争取之目标的强调也确实给我们留下了深刻的印象。科学的客观性是理解弗洛伊德的观点的钥匙，也是理解他用来分析个体人格的方法的钥匙。当然，正是弗洛伊德和心理分析所固有的这种悲观主义，使得对于客观性的需要变得非常紧迫。在弗洛伊德的世界观里，个人无望地被主观性限制住了。结果，我们能够期望实
110 现的，至多是通过持续的警觉来缓解这种主观性的影响。在某些方面，弗洛伊德是“反个人主义的”，但是这一看法，就像我们上文所说的，是一种保守回应，这种保守回应是针对人们认为的、一种完全个人主义的存在所展示的那些事实做出的。

在《新旧个人主义》（*Individualism Old and New*）一书里，约翰·杜威（John Dewey）在某种程度上采取了一种中间立场，他批评了个人主义，但是与此同时也试图以一种“新的”（renewed）形式来为之辩护。杜威很大程度上是根据我们一直称作占有性个人主义的事物来表述的。他认为，对于观念（这些观念将会带来所有人命运上的改进）的起源（the bold initiation of ideas）来说曾经是一种力量的东西，现在已经变成了一种“私人的、金钱利益”的哲学。由于这种哲学的巨大成功，它已经使社会转变成为一种集结（a mass），它造成了一种令人烦恼的一致（a troubling degree of conformity），并且使个人感到沮丧和迷惑。但是杜威讨论的要点在于，当代困境并非个人主义的产物，而是个人没能对个人主义的假定保持忠诚的产物，杜威把解决问题的科学方法也包括在了这些假定当中。如果我们对发现和维持一个“真正的”系统（“而所有其

[1] Rieff, *Freud*, p. 75.

他系统都是虚假的”)给予较少关注的话,我们可能就会认识到,科学的方法会教导我们“打破常规,明确而详尽地探究,并根据出现的具体问题来寻找解决办法”。换句话说,尽管杜威承认个人主义已经到了一个危急关头,以及尽管他有时会把这个问题和社会现实而非个人现实联系在一起,他的结论却是,我们一直都过分狭隘地解释了个人主义的局限性,我们必须在个人的基础上,在最宽泛和最包容的意义上重申个人主义的一些原则。最后,杜威评论道,“个人的消沉,是个人自己的责任”。[1]

尽管弗洛伊德和杜威都承认了这一事实,即个人主义思想服务人类的方式一定出了什么差错(弗洛伊德对我们的个体主观性提出了质疑,杜威则确信个人主义一直被人为限定了),然而他们俩都没有对作为个人主义基础的认识论进行根本的重新评价。他们都承认,个体意识在人类经验中是首要的。他们两个人也都没有对这样一种观念提出质疑,即现实是围绕着个体自我的特性(the singularity)和不可化约性(irreducibility)构建起来的。至于这样一种重新评价,我们必须转向卡尔·马克思这些人。

不难想象,马克思和他的著作把自己当成是针对西方个人主 111
义传统而展开的进攻(foils)。在解决政治经济问题时对社会的而非个体方法的强调,对资产阶级个人和社会观的蔑视,对(用马克

[1] John Dewey, *Individualism Old and New*, New York: Milton, Balch, 1930, pp. 90, 165, 166.(中译本《新旧个人主义》系杜威各种著作的选集,无法作比对查考,关于个人主义的论述主要在该书第57-96页。参见[美]杜威:《新旧个人主义——杜威文选》,孙有中等译,上海社会科学院出版社,1997年。)出于对杜威的公平起见,应当说,作为一个实用主义者,他分享了米德(Mead)表达的、关于个人和社会之间关系的很多假定(参见下文关于米德的讨论)。因此,尽管只是获得了有限的成功,杜威仍然在努力关注“背景中的个人”(individual-in-context)(H. S. Thayer, *Meaning and Action: A Critical History of Pragmatism*, [New York: Bobbs-Merrill, 1968], p. 442.)。

思自己的话来说)“人的本质并不是单个人所固有的抽象物”的坚持,[1]这些论点在语气和内容上都一再表明,我们不得不说马克思代表了对他之前的个人主义传统有意识和独特的颠覆。[2]然而,如果要真正不仅理解马克思代表了对个人主义思想倾向的一种颠覆,而且理解这种颠覆何以会成为对个人评价真理之正当性这一更大问题的回应,我们就必须超越马克思主义对个人主义的批评(这些批评暗含在马克思关于当代社会经济关系的思想当中),并揭示它所据以建立的基础——这个基础存在于一种关于个人主义假定的激进的思想当中。

值得指出的是,马克思是以研究黑格尔开始其生涯的,他批评黑格尔具有一种“从天而降的”(descends from heaven to earth)浪漫主义的哲学观点。在某种意义上,马克思对黑格尔的拒斥既是对浪漫主义遗产的一个重要方面的拒斥,也是他颠覆个人主义遗产的行为所由以发生的枢纽。因为就像我们在第五章里已经看到的,浪漫主义者一跃而进入了一种超自然的事物——即个性(individuality)本身莫名其妙地带有了神性这样一种信念,他们以这种方式对个体日渐从社会环境当中疏离出去的事实做出了回应。在黑格尔的思想当中,这一跃采取了一种断言的形式,即断言历史是上帝的意志(the will of God),上帝的意志在人类生活中将自身付诸实践,而所有的分析都必须根据这一假设来得出。马克思就是根据这一假设实现了自身的飞跃。他坚持认为,必须把它完全颠

---

[1] *Marx's Concept of Man*, ed. Eric Fromm, (New York: Frederick Ungar, 1966), p. 28. 然而,弗洛姆确实提出,马克思表述了“个人主义的全面实现”(full realization of individualism)(p. 3),但是就像米歇尔·哈林顿(Michael Harrington)在他的《资本主义的黄昏》(*Twilight of Capitalism*, [New York: Simon & Schuster], 1976)一书第六章里指出的,这是弗洛姆在试图重建马克思的精神层面时,那种善意的但却是过度补偿性的(overcompensatory)努力的结果。

[2] 卢克斯在他的《个人主义》一书里(*Individualism*, pp. 85-87.)对马克思主义和政治个人主义之间的一些比较进行了探讨。(中译参见[英]史蒂文·卢克斯:《个人主义》,第78-80页。——译注)

倒过来：即所有分析都必须把自身建立在（就像他所说的那样）“真实、活跃的人，以及……他们真实的生活过程”（real, active men, and ... their real life process）的基础之上。[1] 换言之，马克思实质上采取了最终的世俗化的步骤（浪漫主义者是不会采取的），他拒斥了在“真实的人”（real men）的直接体验之上的那些力量也许会影响这些人生活的一切可能性，并坚持认为，一切关于历史的声明都必须是归纳的，而不是演绎的。[2]

这一假定使马克思对个人的性质作了重要的重新思考。马克思坚持认为，这一探讨应该从“真实的人”——也即大多数人类存在（the plurality of human existence）——的生活开始。他由此声称自己反对浪漫主义的个人主义的一个重要特点，也即这样一种
信念：个体自我因为独立于其他自我、甚至往往因为反对其他自我 112
而存在。尽管个人主义这种孤立的特点往往并不是显而易见的，它却暗含在我们已经考察过的每一种个人主义的看法当中。因为每种看法都预设了一个先在的个体自我，这一个体自我作为一种自觉的实体而存在，随后才和环境发生相互影响。也许有人会说，自我（Selfhood）以及自我意识（self-awareness）先于同世界其他部分的交接状态（engagement）而存在。此外，既然自我和自我意识在个人主义的信念体系中被加诸了如此高的价值（premium），它们都被认为具有不可侵犯性，无论是在和其他个人的关系当中（就像在占有性个人主义里那样），在和其他实体的关系当中（就像在认识论个人主义里那样），还是在和社会的关系当中（就像在浪漫主义的个人主义里那样）。自我和自我意识不仅是内在的，它们也不能被干涉。

---

〔1〕 *Marx and Engels*: *Basic Writings on Politics and Philosophy*, ed. Lewis S. Feuer, (New York: Anchor, 1959), p. 147.

〔2〕 艾布拉姆斯（M. H. Abrams）在他的“人文主义的自然主义”（“humanistic naturalism”, *Natural Supernaturalism*, pp. 313-316.）一文中，敏锐地指出了他所谓的、在马克思和浪漫主义者之间的一种“调和-冷淡”（consonance-indifference）关系。

对马克思来说，对待个人的这种方法不过是一个解围之神(a deus ex machina)[1]，是从高处(from above)强加给现实世界的一项演绎原则。他坚持认为，应该颠覆这一过程，我们必须从个人的“真实的生活过程”着手，用归纳的方法来刻画人性；而且他相信，当完成这一步骤时，自我和自我意识的不可侵犯性(the unassailability)，就会作为一种防御性反应而显露出来，而这种防御性反应是建立在站不住脚的前提基础之上的。马克思说，这是因为对“真实的人”的观察表明，意识——杰恩斯的模拟-我所描述的私人的个体意识——并不是一种既有的事物，不是“单个人所固有的抽象物”；意识是从个体彼此之间的相互作用当中产生出来的，它源于“人的物质交往”(the material intercourse of men)。简而言之，“意识……从一开始就是一种社会的产物”。[2]

乍看起来，这似乎和本研究的一项基本原则存在着直接的矛盾，因为我们是以思想中的孤立个体来处理个人主义的讨论的。然而，重要的是在个人主义及其谱系已经使之长存不衰的那些重点和据以对这一谱系进行分析的那些基础之间做出区分。毫无疑问，这么说是公允的，即个人主义作为它所代表的信念体系的基石，已经被牢牢安置在单一的、我们甚或可以说是孤立的个体基础之上。然而，承认这种单一性或者孤立性是一种正当的前提假定，这一点却并不是我们追踪个人主义谱系的过程所固有的。实际上，如果面对形成我们的谱系的那颗种子——模拟-我的出现的话，单一性或者孤立性的假设似乎都是没有根据的。

113 因为，应当记住的是，杰恩斯指出，模拟-我——它本身是两院制头脑崩溃的结果。这一头脑曾经使个人被他们已经内化并顺服的诸神的“各种声音”所控制——本该作为“来自不同民族、具有不同神明的人们被迫激烈混合”的结果而出现。“人们注意到，即使

[1] 解围之神，是希腊或罗马戏剧中，用舞台机关送下来消除剧情冲突或使主人公摆脱困境的神。——译注

[2] *Marx's Concept of Man*, pp. 197, 103.

很多陌生人，长得和他们很像，却说着不同的语言，有着不同的观点，并且行为举止也不同”。[1] 此外，杰恩斯评论道，亚述这个“在这次发展过程中的关键国家”，同样是非常致力于和其他国家进行贸易的国家，这不大可能只是个巧合。

换句话说，显而易见的不仅是这一点，即马克思的思想是对我们至今一直在追溯的个人主义传统的一个颠覆。他的颠覆建立在对个人意识的一种解释基础之上，这种解释根本不同于在个人主义出现过程中似乎固有的那种解释；而且也包括这一点，即相对于个人主义本身所据以建立的基础而言，马克思的概念似乎和我们的研究一直建立在其上的那个基础更加符合。事实理当如此，这并不应让人感到惊讶。尽管人们很可能会说，模拟-我的出现已经开启了许多大门中的第一扇，这些大门最终将会导致自我在个人主义的时代里作为一种完全内在授权的实体而出现，但是却无法指望最初的模拟-我会承认——甚或必然会记得[2]——它的出现是作为一种相互作用的功能而发生的。模拟-我一直似乎都源于它自己的头脑，它假定自己为第一因(a first cause)，并沿着我们一直追踪的那条小径进行下去。[3] 只有处于这种后见之明式的有利地位，我们才会开始察觉到，在意识出现的朴素过程(the simple emergence of consciousness)和意识可能的交互发展过程之间的区别。

一种严格的马克思主义的方法，也许会把我们从这一点引向对亚述社会内部以及这个社会和它的相邻社会之间的物质关系结

---

[1] Jaynes, *Emergence of Consciousness*, p. 217. 并请参见上文，第一章。(此处注解似有误，和此处相关的章节是第二章，原书第 34 页。——译注)

[2] 然而，就此而言，柏拉图在《会饮篇》(*The Symposium*)里关于爱的评论似乎表明，我们保留了一些相关的残留记忆。

[3] 这里同样必须指出的是，像基督教对爱所具有的转换生成性质(the transformational quality of love)的强调这些事情，暗示了我们一直在追溯的发展过程并不是一个完全自我陶醉式的过程。

构作更仔细的审查。然而，我们的目的并不是要采用一种马克思主义的方法，而是要继续我们的谱系分析，马克思将有助于启迪这一分析。因为这一观念，即意识也许是个人间交互作用的结果，而非孤立个体的体验，确实为我们的讨论提供了新的角度，特别是在涉及到个人和社会之间关系的性质的场合。就像我们已经看到
114 的，正是自我和社会间的冲突，导致了对真实性的膜拜的产生，并最终促成了痛苦的异化过程的产生——而这种异化过程似乎是个人主义赐给现代生活的。此外，卢梭、浪漫主义者，甚至弗洛伊德都认为，这种冲突是根本性的(elemental)，是个人完整性(或者换一种说法，以弗洛伊德的观点来看，受到能够满足欲望的事物驱使的个人本能)和社会要求之间不相容的结果。因此，重新回到这种冲突，并以这样一种假定——即社会和社会关系并不一定和个人的完整性或者个人的满足相对立——来分析它，似乎就是合宜的。

这里，回想一下第一章里引用的科林·莫里斯的评论也许是有益的。他说，"个人主义……的核心在于我的存在与他人的存在之间的一种明显的差别感……这种心理体验。"在这一描述里，我们清楚地看到了我们在杰恩斯的描述中往往看不到的东西——在某一个体的存在和他人的存在之间的明显的分界线。杰恩斯的评论大概是在这样一个时间写下的。在这个时间里，社会性的联结在个人生活中占据着极大的支配地位——确实，社会性的联结只是刚刚才开始给承认个性的行为让路；杰恩斯的评论把这种"差别"放在了一个社会性的背景里，就像这些评论本来应该的那样，而这赋予了它们一种更加中立的倾向。然而，由于莫里斯的描述部分程度上是一个脱离了所有特定历史背景而做出的关于心理学"事实"的陈述，他的描述强调了"明确的差别(distinction)"观念变成了一种**区分**(a *division*)，这个区分在本质上可以说已经播下了自我和社会之间最终会出现的疏离状态的种子。显然，个人主义的发展部分程度上是强调个人之间的区分(division)，而不只是他们之间的对比(contrast)的结果。

事实理应如此，这仍然很容易理解。在杰恩斯历史的和人类

学的解释当中，社会背景在团结个人方面扮演了重要角色。然而，即使在他的解释当中，也不难想象“差异”(difference)会变成“区分”(division)。确实，关于差异的意识也许就像杰恩斯所提出的源于具有不同“两院制声音”(bicameral voices)的不同社会间的互动，而恰恰是这一事实使这样一种非常强烈的可能性变得悬而未决。这种可能性就是：新出现的有意识的自我把它新发现的意识和它自己的社会联系了起来，并划了一些分界线，把那些它熟悉的事情和不熟悉的事情作了区别。作为一种选择，一些新出现的有意识的个体也许会从一些旅程(在这些旅程中，他们的两院制的声音不再发挥作用)中回转过来，并且发现他们由于这样一个事实——他们社会的成 115
员仍然听到这些声音，并对那些尽管他们并没有听到的声音做出回应——而永远疏离于自己的社会了。[1]

在任一种情形中，这么期待似乎都是合理的。即差异(differences)最终将会被认为是个体之间的区分(divisions)；即把他们彼此分开的一些特点，这一步骤无疑最终会导致个体之间的冲突以及敌对感的出现。此外，不难想象，意识的出现本该怎样以一种将会允许强调(莫里斯所强调的)差别的方式继续下去。因为尽管和他人的遭遇也许会有助于激发意识，它却并不一定会在新出现的有意识的个体身上激发出这样一种认识，即其他人也许同样具有意识。意识无疑一直是作为一种独特的私人和个体的发展过程而被人们体验着，至少最初的时候如此。更进一步来说，一旦关于个性的感觉(a sense of individuality)出现，人类经验的特点因为意识而变得可能之时，它就会被人们加以探究；正如我们所见，事实也确实如此，而这一切似乎都是自然而然的。意识/个性领域将继续

---

[1] 这一情形也许有助于解释小说作品所具有的难以置信的让人不能忘怀的力量。比方说纳撒尼尔·霍桑(Nathaniel Hawthorne)的短篇小说，在这些小说里，像小伙子布朗(Young Goodman Brown)或者鲁本·伯恩(Reuben Bourne)这样一些人就暴露在一种经验当中，这种经验会破坏他接受其社会的“既有事物”(givens)的能力，并永久性地把他和他的同伴分离开来。

扩展，变得复杂，在这个过程中，自我和所有其他事物之间存在、或者似乎存在的那条边界，对人类的经验而言，将会变得如此独特，如此基本(elemental)。

因此，丝毫不让人惊讶，个人主义这种从意识和个性的体验当中产生出来的信念体系，最终变成了一种反社会的意识形态(an ideology of opposition to society)。意识本身，无论怎样不知不觉，就作为对特定社会联结(也就是说，把听从相同的两院制声音的个体团结在一起的事物)的挑战出现了。个人主义只不过使这种排斥(rejection)之所以发生的一些基础定形了，并把这些和新出现的意识一道产生的感知融入其标准当中，而"在我的存在和他人的存在之间的明显差异……的心理体验"就在这些新出现的感知当中。来自个人存在领域之外的任何侵犯，都被看做是对这种存在的否定，并因此是无法接受的。

开始的时候，新出现的自我的历史，就像我们看到的，只不过是某个领域的扩展(在这个领域里，个人感到舒适，并宣称这个领域是它自己的)：也就是模拟自我、外在授权的自我和内在授权的自我"这些自我"的发展过程。但是，既然这一发展过程包含了个人在做出选择(这些选择以前都是由个人依据宗教、社会和政治传统来做出的)方面的自信心的增长，由此就出现了一种含蓄的假设
116 (不管这种假设的出现是正确的还是错误的)，也就是像鲁思·本尼迪克特(Ruth Benedict)所说的，"社会所失，个人所得。"最终，这一假设使人们把个人和社会放在了相互敌对的位置上：个人在他或者她的带有"差异"(distinction)领域里存在，社会则威胁要消除这些差异的界限，并把个人淹没在"一片不可抗拒的海洋里"。[1]

这里仍然不难理解，为什么社会会以这样一种敌对的面貌出现，而在整个启蒙运动时期，社会实际上被看做是在为个人提供支

---

[1] Ruth Benedict, *Patterns of Culture*, (New York: Mentor, 1947), p. 232.(中译参见[美]鲁思·本尼迪克特：《文化模式》，何锡章等译，华夏出版社，1987年，第195页。——译注)

持。就像通过浪漫主义者的眼光来看时那样，社会既不是“自然的”背景——所有人类生命都要依靠这种背景存活(就像文艺复兴运动时期的情形)，也不是手段——人类关系要依靠这种手段来合理安排(就像启蒙运动时期的情形)。对浪漫主义者来说，社会因为其无情的、世俗化的(despiritualizing)特点而变得危险。仿照滕尼斯(Tonnies)的提法，社会学家一直用法理社会(gesellschaft)来称呼这种特点的社会。不无讽刺的是，尽管本尼迪克特在论证个人和社会之间的敌意是一个“令人迷惑的误解”(这个误解因为19世纪而变得长期存在了)时，她是正确的，我们却不得不说，礼俗社会(gemeinschaft)这种更加自然而“有机的”社会组织形式的消逝，部分程度上是因为个人接受了越来越大的责任。尽管这一结果是无意的，自我的内在授权却逐渐耗尽了其正当性的传统，并给它留下了一个更加唯意志论(voluntaristic)、更加结构化(structural)、以及对于浪漫主义者而言在精神上更有毒害的实体。

简而言之，个人逐渐拥有了越来越大的特权(prerogatives)。这限制了社会对个人产生影响的程度，但是它同样划定了社会能够为个人提供新生的边界范围。社会的这后一种功能是关键性的，本尼迪克特很好地表述了这一观点。她说：“实际上，社会和个人并不是对立的。个人的文化背景给他提供了谋生的原料。如果原料贫乏，个人就要受苦；原料丰富，个人就有了实现自己愿望的机会”。[1] 当本尼迪克特质疑社会所得即为个人所失这一假定，以及反之亦然时，她完全是正确的；然而，对其中一端的密切关注却可能导致另一端的萎缩，特别是如果这种关注一如在我们所谓的个人主义时代里的整个情形里那样，是以将会妨碍一种互惠过程(个人通过这种互惠过程投身于社会秩序)的假定为基础的话。

有过错的并不是社会，而是已经枯竭了的社会(the drained society)，这种社会是由于持久强调个人的重要性而产生的，而对个 117

〔1〕 Ibid.(中译参见[美]鲁思·本尼迪克特：《文化模式》，第195页。——译注)

人重要性的强调却是以社会为代价的。尽管这样一种假定，即个人和社会必然会纠缠于某种无法解决的根本性冲突，可能是错误的，它却完全植根于西方仅仅 200 年的经验之中。个人主义在较长时期里的发展一直都关注于**个人**力量，而非社会技巧的运用和增加，结果社会似乎变得越来越远离——甚至敌对于——人类的发展。实际上，它完全被降格到了一种次要的位置上，这种位置一直使它无法和整个时期在个人身上所发生的那种显著的转变齐头并进。

但是如果自我和社会之间的二分法是错误的，如果产生出个人主义的意识，其性质并不只是人类个体认识论单一性的产物，而是人类经验多元性的产物的话，那么揭示这种错误的二分法也许就代表着一个机会，一个提供了走出自我指称之两难处境的道路的机会。因为如果自我的迷宫并不是人类经验的单一而根本的单元的话（个人主义一直使我们认为它就是这样的一个单元），那么我们就能论证，人类经验——现在是在一种更恰当也更多元的意义上来看——在组成它的那种多元性中，包含了一种天然带有视差的要素（an inherently parallactic element）。[1]

现代人类学为我们提供了一些基础，在这些基础上我们能够证明，**其他的**自我——乃至于整个社会——提供了特里林担心在现代条件下所缺乏的一种指称（the referredness）。因为人类学家认为，人类这个物种，就定义而言，乃是社会性的；就像一个评论者所说的，“人类历史在人类的原始祖先变成人的时候，也就是说，当他们的见识、交流和传统已经获得足够发展……（以至于我们可以说）这种原始人类没有文化之助（这取决于适应的**文化**手段[*cultural* means of adaptation]）就无法存活，并因此不再是动物，而是跨过了人性门槛之时，就已经开始了。”[2]

---

〔1〕 视差是由于观察位置变化、观察角度变化所带来的观察对象的变化。——译注

〔2〕 Chester Chard, *Man in Prehistory*, (New York: McGraw-Hill, 1969), p. 67.

从现象学方面阐述文化对个体认同之影响的最早的全面努力之一，也许出现在乔治·赫伯特·米德(George Herbert Mead)的《心灵、自我与社会》(*Mind, Self, and Society*)一书中。米德，一个实用主义者，作为说明使个体变得"犹疑不决"的自我概念中所暗含的二元主义的一种手段，提出了和杰恩斯的模拟-我十分近似 118
的一对概念。[1] 米德这么做的时候强调了这对概念的社会性。把人的特性和其他生物形式区别开来的是符号性的交流能力，从这样一个假定入手，米德十分仔细地审视了交流行为。他指出，就交流姿态所指向的个人而言，一切交流的姿态都假设会有一个回应，或者一系列可能的回应；换句话说，使人的特性区别于所有其他形式的这个方面，即交流行为，是交互式的，需要发起者(source)和承受者(audience)。米德写道，假设会有一个回应，这既是一种移情行为，也是一种想象行为，这要求交流者在她或者他自身内部构想一种类似的(parallel)(杰恩斯会称之为"模拟的")自我，这个自我能够预期、容纳、感受、评价以及判断其他人的看法。米德由此认为，我们有两个自我：一个是"主我"(I)，为了对环境做出反应而自发产生的自我；另一个是"客我"(me)，"一个人自己假定的、关于他人的一套有组织的看法"。[2]

米德的表述有很多问题。例如，他认为，"主我"和"客我"不能同时存在，[3]这和从17世纪抽象派诗歌(metaphysical poetry)到现代自我心理学中大量关于反思和自我省察的体验是抵触的。更严重的是，米德的实证主义和行为主义方法，使他走向了一种危险

---

[1] 杰恩斯提到了这一相似之处(*Emergence of Consciousness*, p. 74)，尽管只是附带地提到这一点。

[2] George Herbert Mead, *Mind, Self, and Society*, Chicago: University of Chicago Press, 1962, p. 175.(中译参见[美]乔治·H.米德：《心灵、自我与社会》，赵月瑟译，上海译文出版社，2005年，第137页。——译注)

[3] 米德写道，"我无法足够迅速地转过身去抓住我自己。"(I cannot turn around quick enough to catch myself.)(ibid., p. 174)(中译参见[美]乔治·H.米德：《心灵、自我与社会》，第137页。——译注)

的因袭主义(conformism):“我们如何对待一个带有自己种种特点的个体,并说服他接受一种近乎统一的反应类型?”在描述构成他的以及现代心理学努力之基础的那些目标时,他这么问道。从而使他自己描绘了一幅关于自我的图画,而这个自我实际上最终还是通过老于世故的模仿而由社会所决定。[1] 此外,他的说明未能解释交流的动力之源究竟是社会性的还是私人性的——这在他试图解决的这个先有鸡还是先有蛋式的复杂难题中是一个关键的问题。

然而,米德的著作扩大了证据的数量,这些证据间接表明,在个体自我的出现以及社会和文化的出现之间存在着一种深刻的共生关系:“作为**社会**组织成员的人类获得了习得的行为模式、观念和价值”。[2]此外,该证据看来不仅强化了杰恩斯的模拟-我的出现一定曾经是某种交互事件这一暗示,它同样也说明了这样一个假定是虚假的,即个人是或者一定是认识论方面不可再分的基本
119 单位。因为如果人的特性产生于社会性的背景,而非纯粹个人主义的背景当中的话,那么一切关于真理的评价(就其定义而言)就必定要接受一种以多元主义而非纯粹个人主义的标准为基础的审查。而在这里有一把快刀,也许能够砍开关于自我指称问题的这个死结(the Gordian knot)。[3]

如果人类的体验既是孤立的又是社会性的,既是个人主义的又是多元主义的话,那么我们就可以公允地认为,一切人类事业,如果要用一种均衡而真正**人性的**方式来进行的话,就是既包括了

---

[1] Ibid., p. 35.(中译参见[美]乔治·H.米德:《心灵、自我与社会》,第27-28页。——译注)

[2] Chard, *Man in Prehistory*, p. 1(强调部分为引者所加)。

[3] 根据希腊传说,公元前4世纪小亚细亚地区的一个国王戈耳迪乌斯(Gordius)把一辆牛车的车辕和车轭用一根绳子系了起来,打了一个找不到绳头的死结,声称谁能打开这个难解的结就可以称王亚洲。但这个结一直没有人解开,直到公元前3世纪,亚历山大大帝拔出身上的佩剑,一下子斩开了这个死结。后来就用 Gordian knot 指“难解的问题”,而用 cut the Gordian knot 指“干脆利落地解决难题”。——译注

社会,也包括了个人的,并且除非它符合那些既代表了人类经验的社会特征、也代表了人类经验的个人特征的标准,它才能符合真理的检验标准。这并不是说,所有的人类努力都同等地包括这两个特征。比方说,婚姻在很多西方社会里就被认为是纯粹的个人选择问题,环境恶化则被看做主要是社会问题。然而,既然在一个人口迅速增长的世界里,生育问题可能对环境具有负面影响,而环境恶化和每一个体也都有牵连,认为可以把这两个问题中的任一个当做单纯的个人问题或者社会问题来孤立看待的观点就是幼稚的。我们也不能坚持认为,一个问题不管在什么情形下都一定拥有对另一个问题的优先权。社会和个人存在于彼此**互惠的**关系当中:作为人类存在的两个互相依存的特点,每个特点和人类行为的一切方面都存在牵连,一种绝对排他或者绝对优先的主张都只能对双方造成损害。

更明确的是,西方传统,特别是最近 200 年或者 300 年里的个人主义传统对私人的、个体的真理的强调。尽管毫无疑问极大促进了人类经验的丰富和人类自主程度的增长,然而同时却似乎也经受了一种片面强调之苦,这种片面的强调既不是人类经验的典型特征,和最初的个性的种子出现的那些条件最终也是不相容的。由于它向人类个体展现了大量的可能性,而且在它的保护下也揭示和培养了广泛的个人天赋和技能,因此在很大程度上,直到现代,这种强调才被认为是一种不利条件。无论如何,现代经验的这两个维度开始暴露出这种私人的、个人主义化的强调所具有的缺陷:首先,个人主义未能产生出一种参照(a referentiality),这种参照能够防止它在个人体验的迷宫里迷路;其次,社会的世俗化(the 120
despiritualization)也在自我和社会之间建立起一种错误的二分法。我们已经勾勒了前者的轮廓,而后者十分宽泛,我们不可能在这里展开讨论,但是值得同等程度地(side by side)重申这二者,以便完全弄清它们是怎样预示了我们也许会称作个人主义时代的终结的事物。

既然恰恰是自我意识的性质——至少当它因为我们所谓的主

观个人主义的探索性的风格而变得持久存在时——产生出了个人必须意识到的新“领域”，而且既然个人主义并未针对个人感知领域之外所设立的一些标准来要求对个人感知进行检验，或者提供对个人感知的检验，自我发现的过程就有可能变成一种自我陶醉式的自我更新和存续的过程（a narcissistically self-perpetuating one）。最终，个人对他或者她自己的感知不再像研究之初时那样有信心。由于不能为信心找到基础，因自我发现过程而产生的隔绝和孤独所具有的令人难以置信的负担，也就变得更加让人无法忍受。

与此同时，意识的出现开启了一个过程。自我藉由这个过程，在它对真理的评价方面变得越来越多地依靠自己，越来越少地依靠社会。当作为一种精神重生的形式，个人撤回他们在社会里的投入，而将之更多地投入到他们自身身上时，社会世俗化的过程就逐渐开始了。这一过程的自然趋势和因个人进入到自我或者非自我（the not-self）而造成的世界可以理解的分化过程结合在一起，导致了社会和自我之间暗含的一种冲突；最终，不仅社会开始被看做是一直处于个人与完全内在授权行为（full empowerment）之间的事物，而且它应受谴责这一点似乎也被精神方面的衰落所证实了。当它除去礼俗社会所展示的富足和色彩，并且被法理社会的贫乏所毁坏时，它就陷入了这种精神上的衰落。

但是这里，个人同样成为了由社会的世俗化过程所展示的那种负担的最终承受者。这是因为，免于社会所施加给个人的那些限制的代价正是一种深刻的疏离状态。最初，个人只是感到疏离于社会，就像浪漫主义者的情形一样。但是最终，和孤独的负担联系在一起的那种疏离感，通过其自我发现之漫漫旅程的主观遗产而施加于自我之上，以至于自我终于感到不仅疏离于社会，也疏离
121 于自己了。

现代的状况的这两个特点，每一个似乎都是无解的难题，它们都源自个人主义传统固有的一些错误假定。此外，除非我们放弃作为它们基础的那些假定：个人主观感知的优先性以及自我和社

会之间的固有冲突，我们才可能找到答案。然而，如果我们假设意识的出现，以及由此个人主义以之作为基础的每件事情的出现，都源自于一个交互性的而非孤立的源头的话，那么个人主义传统的局限性就暴露出来了。而这也为我们提供了走出自我迷宫、以及走出自我和社会之间彼此敌对这种观念的机会。在这一过程中，要解决现代个人主义的困境，就要求我们放弃、甚至质疑个人主义传统的这些基本假定，而这么说似乎也就是公允的了，即个人主义的时代即将结束。 122

第九章　超越个人主义

人类学家常常近乎随意地谈论上下几千年，理智的历史学家们这么做时却难免会有自己的风险，这已是老生常谈。然而，像我们刚刚结束的这样一个分析，却留下了一些重要的未解的难题，这些难题部分源自于本讨论所揭示的一种明显的人类学上的偏爱(bias)，以及随之而来的处理长时段的必要性，而智识史往往未能涉及这种长时段。因为，如果我们大胆提出，个人主义代表了一种长达几千年的发展，这种发展以人类经验的一个方面，即多元主义的主体间性(pluralistic intersubjectivity)为代价，强调了人类经验的另一个方面，即个人主体性的话，那么读者肯定会问，多元主义的主体间性如何，甚或是否能够被培养出来，并获得发展。对这一问题，即使(以及特别是)有着人类学思想的智识史家，都一定会做出预言性的回答(prognostically)，而不是说明性的回答(prescriptively)。

智识史通常总是自然而巧妙地把自己和一些哲学、道德以及伦理问题交织在一起，以至于它几乎不可避免地要对它着手加以鉴别和分析的一些问题做出回应。如果这一分析是合理的，那么采取这种额外的步骤就不是问题。实际上，对于由此所涉及的一些哲学问题，其结果也可能会是一种重要的贡献。然而，我们不能让我们回答哲学问题的愿望影响我们认识什么是有解的以及什么是无解的那种能力，我们也不能让我们对确定性的需要使我们对一个无法很快从分析转向预测的讨论得出错误的结论。前面的讨论无疑属于这一范畴，之所以如此，恰恰是由于它试图把人类发展 123
的宏大领域包括进来。尽管这种愿望——即把某些特定的行为形式直接规定（和宣布）为超越了个人主义前提假定的一种方法——可能是强烈的，然而就个人主义之外是什么这个问题而言，我们的知识却相对贫乏，这提醒我们，仓促或匆忙地得出任何结论都是非常危险的。

也许我们可以认为，我们今天对于个人主义及其在西方的遗产已经所知颇多；我们也许同样可以认为，我们已经发现，在个人主义赖以建立起来的那些前提中存在着一些缺点，发现这些缺点有助于解决我们今天所面临的一些棘手问题。然而，除此以外，我们几乎茫然无知。即使我们断言我们正处于一个新时代的开端（可是谁知道呢，我们也可能仍然处于一个垂死时代的掌控之中），我们也很难恰当地给它命名。无论尝试给它命名的意图多么良好，这些受欢迎的尝试的肤浅性，[1]却只不过强调了新时代的出现实际上是多么复杂，以及那些最先认识到这一点的人，其知识装备有多么差，以至于不能对它做出任何详尽的描述，更不用说为了加速其出现而对行为提出建议了。

我因此要提醒一些人，这些人在个人主义时代的终结过程中，看到了借助于道德或者意识形态作为推动事物前进的手段的正当理由。显然，对于建立在我们这里的分析基础之上的道德或者意识形态处方而言，最现成可用的一个基础是社会主义的世界观。特别是马克思的著作中所描述的社会主义世界观。而社会主义作为一种意

---

[1] 我所记得的这样一些书有，比方说，Marilyn Ferguson，*Aquarian Conspiracy*（London：Routledge & Kegan Paul，1981），以及像 Charles Reich，*Greening of America*（Middlesex：Penguin，1971）和 L. S. Stavrianos，*Promise of the Coming Dark Age*（San Francisco：Freeman，1976）这样一些更严肃的作品。

识形态出现在个人主义的最终阶段，也决不只是一种巧合。[1] 然而，我们必须小心，不要回到关于现象和概括的那些立场(the positions of phenomena and generalizations)——或者，就像马克思本人指出的，我们必须从人类这一物种的“真实的生活过程”着手，并从这些真实的生活过程当中做出推断。我们不能从这些推断入手，并由这些推断来规定行为。

社会主义的出现这一现象，最明确地反映了从个人主义的假定到群体性(communalistic)假定的转变。它本身也是当纯粹的个人主义观点的缺陷变得日益明显之时，这一转变正在进行当中的进一步的证据。然而，这一转变本身是一种从“真实的生活”证据当中得出的一个概括(a generalization)，不能简单化地用来证明援引无论哪种形式的社会主义作为通向未来的“一条正确道路”都是正当的。社会主义或者马克思主义反映了对人类经验中为个人主
124 义所忽视的一些方面的真正的培养和教育，就此而言，它们代表了一些合理的研究和探索途径，这就像基督教曾经代表着一种途径，这种途径揭示了单个的个体尚未被开发的一些方面。无论如何，任何一种观点，如果是说明人类教育和培养人性当中多元、互动的那一面的真实能力的话，都应当被看做是探索的正当基础，而所有这些观点也都必须接受审查和批评；如果我们确实站在一个时代的门槛上(在这个时代里，人性所具有的互动的那一面将获得延伸和发展)，相互探讨和批评性的谈话，就其定义而言，就应该是这个时代借以展开的一些手段。

尽管在使用我们关于个人主义的终结的理解来对行为加以规定和禁止(prescribe and proscribe)时，我们应当非常谨慎，但是对个人主义本身出现的过程，我们却的确有着很充分的理解。如果说我们尚不足以对我们**应该**怎样引入一种新的世界观加以思考的

[1] 值得一提的是，《哲学百科全书》(the Encyclopedia of Philosophy)认为“社会主义”这个词第一次使用是在 1827 年，这恰值文学浪漫主义公认的终结时期前五年。

话，我们也应当对期待这种世界观**可能**怎样出现以及怎样来把握这种世界观有所思考。[1] 换句话说，我们有理由把我们的分析作为形成某种预测(a prognosis)[2]的基础，即预测一个主体间性的(intersubjective)世界观据以确立自身的那些方法，而不是把我们的分析当做开出处方(prescription)的基础。

在《英国个人主义的起源》一书里，艾伦·麦克法兰对于这些起源[3]发表了意见，然而他的意见并不完善，因此既充满启发，又令人沮丧。他承认，自己的著作并没有发现个人主义的诸多根源；他写道，"对于'这些源头'在时间和空间上起于何处，以及它们和孟德斯鸠的这种说法相近：即'正是从(古日耳曼人那里)英格兰人汲取了他们的观念'，我有我自己的怀疑。"[4]目前的讨论一直没有打算触及其他文化中可能促成了个人主义发展的一些要素，尽管这种促进作用无疑是存在的，并且可能确实包含了麦克法兰提到的那种影响。无论如何，如果我们把麦克法兰的评论当做关于这一问题——即像个人主义这样的一些事物，一旦播下种子后，其发展是怎样得到强化的——的一种建议的话，那么我们就完全可以自问，当代世界的一切事情是否都可能代表着一种类似的影响，而这一次要促进的，不是那些个人主义的倾向和假定的发展，而是一

---

〔1〕 这并不是对寂静主义(quietism)的论证(无论是隐藏的还是其他什么形式)。它只是暗示，"实践"(praxis)要求我们，在开始用我们的行为去影响现实之前，必须首先客观评价一下我们想要影响的现实。

〔2〕 a prognosis 更常见的意思是"预后"。"预后"是医学术语，表示对疾病的发作及结果的预言。——译注

〔3〕 《英国个人主义的起源》一书的原名是 *The Origins of English Individualism*，"这些起源"指的就是 the Origins。——译注

〔4〕 Macfarlane, *Origins*, pp. 206, 170.(这一引用看起来是文本单独的组成部分，实际上是把麦克法兰自己的评论和他对孟德斯鸠的引述融合在了一起。然而，这一融合保留了双方各自的意思。)(中译参见[英]艾伦·麦克法兰：《英国个人主义的起源》，第 268、221-223 页。正如作者指出的，他这里的引用融合了麦克法兰和孟德斯鸠两个人的评述，因此中文译本中这句引文的内容实际上散见于各处。——译注)

种主体间的、多元主义世界观的发展。

既然我们一直是在一种主要是西方的而最终是资本主义的背
125 景下来追溯个人主义的出现，我们也许会期望，对这些影响或者其类似物的最有价值的研究，会在西方世界的范围之外出现。实际上，新出现的大量文献都直接或间接地表明，个人主义主要是一种西方的信念体系，其他非西方的传统包含的一些要素，和西方的个人主义传统都存在着明显的反差。

这些著作中的一本，非常恰当地起了个《公共人》(*The Public Man*)的名字，其副标题则是“拉美和其他天主教国家的一种解释”(An Interpretation of Latin American and Other Catholic Countries)。[1] 这本书的作者格伦·考迪尔·迪利(Glen Caudill Dealy)着手分析了特定的一些差异，他认为这些差异存在于一些来自西方新教背景的人们对拉美文化所作的解释当中。迪利的目标是要证明，那些被来自于资本主义传统的人，特别是美国人看做是浪费、懒散、游手好闲或者漫无目的的很多行为方式，实际上是一个规范、目标和价值体系的组成部分，这些规范、目标和价值同西方资本主义社会中的规范、目标和价值一样，是结构严密并具有明确指向的。迪利指出，问题在于，西方人无法想象，除了他们所采用的高度理性化的而且是目的取向的假定之外，行为也可以以其他一切假定为基础。结果，他们完全没有看到一种非常合逻辑的——尽管也非常不同的——模式，这种模式解释了拉美人种种“令人困惑的”行为，从约会迟到，到显然重形式胜于实质。

今天，对文化间存在的种种误解的分析已经差不多是老生常

---

[1] Catholic这个词在与新教对称的意义上一般译为“天主教的”，而称呼宗教改革之前的基督教会时则一般译为“大公教会的”。尽管本文也提到了宗教改革之前的基督教会，但基本上还是在与新教对称的意义上来使用这个词，因此为了方便起见，本书一律翻译为“天主教的”，至于其中的细微差别还请读者自己留意。——译注

谈了。[1] 然而，迪利分析的重要之处在于他所陈述的拉美以及大多数天主教文化围绕的那个中心。经由整个天主教传统，迪利把拉美传统追溯到奥古斯丁和阿奎那(Aquinas)。他指出，在许多国家里，宗教改革并没有产生像在德国和英国这些国家里那样重要的影响，迪利引用了意大利、西班牙、爱尔兰和波兰的例子，而天主教形式在这些国家里的存续，防止了宗教改革神学当中发生的公共自我与私人自我的融合。迪利写道，奥古斯丁确立了“公共世界价值和宗教价值之间的古典区分”。在一段时间里，这种区分成了一种无法解决的两难困境，它把个人的注意力在公共生活和私人生活间分割开了。但是阿奎那解决了这一难题：

> 他认识到了奥古斯丁的两分法是什么——一个有关存在的
> 深渊(an existential abyss)，这正是阿奎那的伟大之处。在阿奎 126
> 那把亚里士多德和基督教整合在一起的努力中，他感到需要古典的世俗价值结构，并且发扬了这一结构，这是一种非常适合中世纪城市生活的、**公共行为**(*public activity*)取向的价值结构……
>
> 因此，地上之城的新的伦理，就其现代起源而言，乃是天主教性质的。但是其根子却在古典传统当中。最重要的，它是一种世俗的风气。它反映了通过制度化的媒介和使用赎罪券来确保一个人得救的重要意义。既然死后的主要问题解决了，人们便转向他们的自我实现的基本冲动。[2]

---

[1] 参见，比方说，Edward Hall, *Silent Language*, (New York: Anchor, 1972); Glen Fisher, *Mindsets: The Role of Culture and Perception in International Relations*, (Yarmouth, Maine: Intercultural Press, 1988) 和 Geert Hofstede, *Culture's Consequences: International Differences in Work-Related Values*, (Newbury Park, Calif.: Sage, 1984)，还能举出一些。

[2] Glen Caudill Dealy, *The Public Man*, Amherst: University of Massachusetts Press, 1977, pp. 74, 82(强调部分为引者所加)。

因此，迪利认为，宗教改革运动未能在西班牙扎下根来，使一种奥古斯丁/阿奎那式的世界观的存续成为了可能，这种世界观后来又被移植到了拉丁美洲，并且以某种形式存在于其他当代天主教国家里。在这种世界观里，朝向自我实现的一种强大力量（我们本来可能会认为，这种力量在天主教国家会像在非天主教国家里那样一直都很强大），在公共的以及多半是政治性的行为，而非私人的经济行为中寻求到了满足。天主教世界观把注意力从激发了新教思想的、对证明他们之"被拣选"的密切关注（就像我们在第五章里看到的那样）中转移了出来，而采纳了一条不同的路线。

> 阿奎那认为，天主教徒，一旦从积极解决他自己彼世命运的需要当中解脱出来，就会转向公众。从此以后，一个天主教徒，就不会像一个新教徒，他无需用他是被拣选者这一点来打动公众，以便向自己证明他获得了拯救。倒不如说，他可以转向前基督教的古典传统，来获得他关于直接的自我满足和成就的观念。这就是大家所公认的公共行为的前提。

换句话说，在新教徒执着于"内省、独身和普遍实现世俗禁欲主义，以通过私人活动来获得（他或者她）自己的拯救"的地方，也就像我们已经看到的，在高度个人主义的自我由此被赋予了它前进的最大推力的过程中，天主教徒却选取了另一条道路，并且在公共的（我们也许会认为，因而断然是更加多元主义的[1]）成就形式

---

〔1〕 作者文中使用的"多元主义"主要是针对西方文化中的"个人主义"只执著于自我而言的，而非西方文化由于不执著于自我，因此表现出了多元性，也就是说，表现出了对看起来更加丰富多彩的公共生活的兴趣。这也在某种程度上反映出本文所采用的心理学路径的缺陷，因为如果从社会政治的意义来看的话，个人主义社会因为尊重个人的多元差异性反而更好地体现出了"多元主义"的特征。当然，这是两个不同的角度，需要读者加以注意。也请参见本章 179 页脚注 1。——译注

而非私人的、个人主义的自我实现当中，发现了自我的满足。[1]

关于拉丁美洲的其他一些分析构成了对迪利观点的补充，我们一会儿就会遇到其中的一个分析。然而，关于其他非西方传统的分析，甚至更直接地把个人主义问题当做了西方所独有的一种 127
现象来处理。《彻底个人主义的省思》(*Rugged Individualism Reconsidered*)是人类学家许烺光的一个文集，代表了他在人种学方面的毕生研究成果。他的研究致力于证明，在西方当代学术和大众思想当中起支配作用的个人主义的霸权是虚假的，它无法说明世界上大多数文化和民族的情况。

像迪利一样，许烺光也认为，西方狭隘的乃至于沙文主义的见解，使它无法关注其他文化中的一些行为模式。尽管这些行为模式看起来也许显得奇怪和"难以理解"，但是我们却必须从西方学术界常常加给它们的那套假定之外来分析它们。当以这样的视角来分析它们的时候，观察者就会逐渐认识到，很多似乎随意的或者非理性的行为模式，的确是以一整套显然带有亲缘关系的假定为基础的，但是这些假定却和西方的假定完全不同。此外，许烺光的著作挑选了西方的个人主义遗产加以特别分析，并且最终提出了批评。他认为，个人主义不仅代表了一套狭隘的信念，而且由于对西方世界观发挥了一种霸权优势，它在很大程度上使处于它影响之下的人类经验的一些非常重要的特点萎缩了。

《彻底个人主义的省思》实际上是一个方法的细目清单。这个清单载明了其他文化，主要是亚洲文化展现行为、目标和规范的一些模式，这些模式和西方的个人主义传统形成了鲜明对比。关于这两种倾向之间存在的对比所具有的重要性，最有力和最敏锐的

---

〔1〕 *Ibid.*, p. 81. 迪利的评价得到了另一个作者奥克塔维奥·帕斯(Octavio Paz)的佐证，帕斯直接从"公共人"所处的环境入笔，阐释了对公共倾向的一种批评，他认为，公共自我在当代墨西哥已经变得徒有其表，成了一个人向自己的伙伴以及向自己隐藏他最深处的存在的"面具"(*The Labyrinth of Solitude: Life and Thought in Mexico*, New York: Grove Press, 1960)。

论述也许是许烺光的文章“性欲，情感和报”(Eros, Affect, and Pao)。许烺光使用了一个复杂的表格来描述他在早期文章里就已经提出过的一些文化属性。他认为，西方社会不同于东方社会之处在于，西方社会非常强调**性欲**(*eros*)——在个人层面上所感受到的原始的性冲动，而不太重**情感**(*affect*)——把一个人和个体自我之上的民众、实体、制度联结在一起的情感和忠诚。许烺光认为这种区别同贵金属和钱币之间的区别是类似的，并补充说，“黄金(白银、或者贝壳银钱)在被合法地转换成货币之前，其流通范围有限”；直到一种既有的货币被赋予了价值，它才能被用来把个人结合在一起。[1]

许烺光认为，西方由于缺乏一些具有支配性的传统而在历史与
128 现在之间表现出的不连续性，以及西方对个人意志的强调，都导致了这样一个社会。在这个社会里，满足是高度私人性的，并产生出了很高的性商，但是对情感却极为贬低。在东方，许烺光写道，原始性冲动的满足远远没有个人同家庭、朋友以及社会所共有的联系重要。“原始的性冲动在个人层面上仍然是重要的，但是充其量它只能把少数个体联结在一起……当它转变成情感，它就更强烈地受到法律和风俗的约束，并且受文化的引导，形成一些共同的表达方式……最终甚至可能成为一种把不同社会联系在一起的媒介。”[2]到目前为止，东方传统一直朝着把个人倾向转变成对更广泛的家庭和社会联结的关注迈进。许烺光写道，我们实际上可以把中国传统描述成已经采取了超越同类的一个步骤，并且已经产生出一

---

〔1〕 Francis L. K. Hsu, *Rugged Individualism Reconsidered*, Knoxville: University of Tennessee Press, 1983, chapter 14, “The Effect of Dominant Kinship Relationships on Kin and Non-Kin Behavior: A Hypothesis”, pp. 216-239; quotation on p. 263.(关于这个表格，中译参见[美]徐烺光:《彻底个人主义的省思》，许木柱译，台湾南天书局，2002 年，第 14 章，“优势亲属关系对亲属及非亲属行为之影响：一个假设”，第 266-304 页；文中直接引用部分参见该书，第 322 页。——译注。)

〔2〕 *Ibid.*, p. 263.(中译参见[美]徐烺光:《彻底个人主义的省思》，第 323 页。——译注。)

种信用手段的等价物：报（*pao*）。

照字面翻译，“报”意味着“互惠”（reciprocity）。但是作为中国人生活的一个特点，它远远不是一种一报还一报式的世界观。“报”是“最普遍的要素，甚至构成了像‘孝’（*hsiao*）和‘忠’（*chung*）这些特殊的关系性美德的基础”。许烺光写道，“报”的思想，不只是以对各种报答所具有的重要性的信念，而且也以**对以可能的最广泛形式扩展自身慷慨能力所具有的固有价值**的信念，弥漫于中国人行为的方方面面。“如同逝去的祖先像树荫一样庇佑子孙，一个人活在世上，也可以把个人的恩泽扩展开来，照顾许多族人（以及其他处于这样位置上的人），这样的一个人，在亲属团体中，就比其他不能做到这一点的人更加显要。”[1]因此，就像弗洛伊德在《文明及其不满》中所描述的那样，“报”远远不只是对社会性契约的种种要求的默许[2]。[3]“报”代表了一种价值，一种被赋予在这样一种能力——即作为其同伴之恩人——之上的价值；就像许烺光引用对该现象的另一个分析时所说的，[4]“报”，是一种“回应”（response）的基本倾向。

许烺光并没有把“报”看做是医治人类各种罪恶的万应灵药。他表明，尽管和西方更受性欲影响的倾向相比，“报”能够更持久地把一些群体结合在一起，但是它同样也存在缺陷，即它导致了一种更加缺乏变化的文化，从一个极端的角度来看，它会“越来越变成

---

〔1〕 *Ibid.*, pp. 278, 280. 许烺光这里是在引用他早期的一本著作《宗族、种姓和社团》（Clan, Caste, and Club, [Princeton: Van Nostrand-Reinhold, 1963]）。（中译参见[美]徐烺光：《彻底个人主义的省思》，第 342、344-345 页。——译注。）

〔2〕 原文为 aquiescence to the demands of the social contract（aquiescence 为 acquiescence 印刷错误）。读者应能注意到：这里的“社会性契约”和政治思想史上的“社会契约”为不同的概念。——译注

〔3〕 参见上文，第七章。

〔4〕 Martin Yang, “The Concept of Pao as a Basis for Social Relations in China”, in *Chinese Thought and Institutions*, ed. John K. Fairbank, Chicago: University of Chicago Press, 1957.

一种纯粹的买卖:不带情感的交易。”[1]同样,西方社会受性欲影响的个人主义倾向,推行到极致的话,也会产生一种使社会原子化的离心力。

像“报”这样一种倾向,对我们讨论的目的而言,具有双重的重
129 要性。首先,就像迪利提到的天主教国家里的“公共人”的看法一样,它代表了一种和个人主义的态度存在着极大反差的看法。这种个人主义态度不仅支配了西方许多个世纪,而且人们一直以一种非常沙文主义的方式认为,它是消除一些人类生存难题的首要前景。其次,像“报”和“公共人”这些世界观所代表的一些倾向,不仅为我们提供了和个人主义在西方资本主义世界里所产生的那种倾向的对比,而且它们也在涉及摆脱个人主义的循环(the circularity of individualism)问题的地方,对于个人主义这种倾向提供了一种意料之外的补充。

让我们考虑一下“报”所代表的这种看法。我们已经在上文第八章里看到,当代西方文明所面对的一个问题,一直是社会的世俗化问题,这一问题是作为和自我的内在授权相伴的、日益强调个人主义的结果而出现的。也许不难想象——就像弗洛伊德、特里林和其他一些人认为的那样——个人和社会的疏离是人类状况不可避免的一个特征,个人总是会和社会产生疏离。尽管这一假定只有从一种相当短视并且为西方所独有的(以及,马克思主义阵营中的人还会补充说,资本主义的)观点来看才是站得住脚的。因为许烺光的作品和迪利以及其他人的作品一道,[2]不仅阐明了孤立的个人能够体验与社会的高度整合,而且阐明了整个文化也能以一

[1] Hsu, *Rugged Individualism*, p. 289.(中译参见[美]徐烺光:《彻底个人主义的省思》,第 357 页。——译注。

[2] 参见霍夫斯泰德(Hofstede)对个人主义和非个人主义的工作价值(individualistic and nonindividualistic work-related values)的分析(*Culture's Consequences*, chap. 5);也请参见彼得·阿德勒(Peter Adler)引人注目的文章“Beyond Cultural Identity: Reflections on Cultural and Multicultural Man”,载 *Topics in Culture Learning* 2(August 1974).

种多元主义的倾向为基础，就像西方资本主义的倾向是个人主义的一样。换句话说，西方个人主义的遗产不仅没能说明人类的全部经验，而且一个完整的世界观也完全可能成功地建立在和它恰恰相反的基础之上。[1]

用许烺光的话来说，我们这些处于西方传统中的人以及也许会受我们的世界观影响和感化的人要面对的真正问题，是西方传统的情感维度是否能够以某种方式获得新生的问题。这一维度长期被人忽视了，我们甚至怀疑，它因为长期废弃不用而严重萎缩了。一些评论家也许会把“回归传统价值”作为医治现代不适的一个必不可少的前提条件。[2] 然而，这些处方——它们如此频繁地采取了禁止某些被认为违反了“传统价值”的行为方式的形式——就传统是由什么组成的而言，一般都表达了一种极端浅薄的观点。尽管回忆会使我们相信，过去才是更加美好的时光，但是即使这样一种回归是可能的，也根本不存在西方资本主义传统可以“回归” 130
的情感传统（tradition of affect）。至少从宗教改革运动以来，以及也许很久以前，我们西方的传统就已经确信无疑并且得意洋洋地是个人主义的了。滕尼斯所说的礼俗社会的消失，并不是放弃传统价值的结果，而是追求合乎逻辑的思想方法的结果；它本身就是我们继承的悠久传统的组成部分。就像我们已经看到的，这一传统之所以能取得进步，在很大程度上就是以人类社会性和交互性的一

---

[1] 在这里，我不打算根据它们引发变化的能力来谈论西方个人主义传统是否“优于”多元主义传统的问题；许烺光和迪利都详尽地论述了这个问题。这么说也许就够了，即个人主义无疑是使西方得以完成现代性的那种传统，这是一个不小的成就。但它是不是一种能够进一步推动人类进步的传统却还需要我们拭目以待。

[2] 这些呼声并不局限于政治诽谤或者宗教复兴运动。参见，比方说，Robert Bellah et al., *Habits of the Heart: Individualism and Commitment in American Life*, (New York: Harper & Row, 1985)，以及我在 *Social Science Journal* 24, no. 3 (1987): 229-231 中关于该书的讨论。（前者中译参见[美]罗伯特·贝拉：《心灵的习性》，北京三联书店，1991年。——译注）

面为代价的，它由此在相当程度上限制了情感得以产生的可能性，更别提什么“回归”了。坦率地说，根本不存在回归这码事。

但是我们有必要对未来感到绝望么？这里，重要的仍然是记住这一点：预测(a prognosis)是我们希望能够改良的一切事情——在这一点上，它带有高度的试验性。我们应该从修正鲁思·本尼迪克特对这样一种信念的反对入手，这种信念就是社会所失即为个人所得(参见第八章)。尽管我们无法保留针对个人需要来评价社会要求的清晰账目，但是显而易见的是，对一个方面的极端强调将不可避免地会以牺牲另一个方面为代价。当本尼迪克特说，在一个贫乏的社会里，个人会遭受痛苦，而在一个富足的社会里，他或者她则会茁壮成长时，她已经离目标很近了。所需的只是在这二者之间的平衡，一种一方和另一方能够彼此促进的均衡。此外，我们也必须承认，西方传统中存在着个人自信的巨大储备，个人可以利用这些储备。而自信本身，在作为前进的步骤而尝试引进一种更加多元主义的世界观时，也许就是一笔巨大的资产。[1] 牢记这些限定条件，再来看一看个人主义和多元主义世界观之间的一个交叉点，也许就有价值了，这样一个交叉点暗示着一些发展，这些发展是引人注目的，甚至是令人鼓舞的。

罗杰里奥·迪亚斯-格雷罗(Rogelio Diaz-Guerrero)，一个墨西哥心理学家，曾研究过在美墨边境沿线生活的孩子们的心理。美墨边境沿线是西方资本主义文化和一种更传统、更多元的文化交汇的少有的地域之一，而且这两种文化都处于它们天然的生活环境当中。[2] 迪亚斯-格雷罗使用了他所谓的“人生观”(Views of

---

〔1〕 从这个角度来看，一种真正人道主义的马克思主义也许恰恰是这样向前迈出的勇敢一步。

〔2〕 Rogelio Diaz-Guerrero, “Mexicans and Americans: Two Worlds, One Border... and One Observer”, in *Views across the Border: The United States and Mexico*, ed. Stanley Ross, (Albuquerque: University of New Mexico Press), 1978. 这篇文章包含了一些在以前的论文中发表过的结论。

Life)问卷,这一问卷是设计用来评价顺从还是自作主张、对权威的反应、对家庭的态度这些事情的;迪亚斯-格雷罗创作了关于这些孩子的一个剖面图,这个剖面图和我们希望从迪利以及许烺光的著作当中获得的事物是一致的:人们发现,美国孩子在处理人生问题时更加积极,墨西哥孩子则较为消极;墨西哥孩子更加以家庭为 131
中心,美国孩子更加以自我为中心;美国孩子更有竞争力,墨西哥孩子则更有合作精神。但是更引人注目的是这样一个结果,即一个研究对象如果住得离边界越近,并因此离边界那边的文化越近,他或者她的文化特征就越多糅合了另一边的元素。换句话说,每一边的文化价值都传播到了边界的另一边。

也许更鼓舞人心的是,至少在涉及现代个人主义循环(the circularity)问题的地方,墨西哥价值在北美白人小孩当中的传播看来要比相反方向的传播强烈得多。[1] 这种传播的主要方向并不难理解。迪亚斯-格雷罗评论道,“在美国人和墨西哥人当中都存在着一种失去同一性的强烈担忧,如果他们胆敢模仿或者吸收另一个群体的特征的话。”然而,如果像我们上文指出的那样,个人主义的胜利已经产生出了一种自我,这种自我不同寻常地具有自身的力量,那么我们将可以期待,美国小孩在和并不属于他们自身文化体验范围的事物相遇时,会较少受到威胁,而且在他们吸收这种事物的时候,也会较少具有丧失同一性的危险。迪亚斯-格雷罗谈到,如果每种文化相对一方所吸收的恰恰是这种文化积极的一面的话,吸收的过程也许是美好的,但是没有任何保证说这一定会是事实。虽然如此,他还是总结说,“对另一种文化积极方面的选择性吸收,只会产生出一些更好的墨西哥人,以及更好的美国人。”[2]

---

[1] 就问卷当中关于“尊敬”的意义而言,研究表明,“有三个术语从墨西哥传播到了美国,但只有一个从美国传播到了墨西哥”(*ibid.*, p. 299)。

[2] *Ibid.*, p. 302.

这些发现并不是绝无仅有的。[1] 此外，它们也许表明了在一些人当中存在乐观主义的理由。对这些人来说，个人主义的衰落似乎是西方即将到来的重大衰落的信号。然而，对于应当如何看待这些人，我们必须非常谨慎。首先，根本没有什么证据表明，从迪亚斯-格雷罗等人所作的研究当中得出的，西方世界正在从个人主义向多元主义转变的推断是可以证明的。得出这样一些结论会冒着引进一个解围之神(a deus ex machina)的危险，这个解围之神看似解决了很多问题，实际上却根本没有解决任何问题。当持有多元主义视野的人被推到极端的立场上，这种视野可能导致狂热，在我们自己的时代里，这同样被频频出现的令人惊讶的邪教和专制者所证明了；而一种个人主义的思想框架，在特定的环境里，仍然能够作为令人惊恐的黑暗地平线上的一座灯塔，这也同样得到了证明。[2] 只
132 有历史——以及也许经过了一些很长时间段的历史——才能够回答这一问题。即个人主义的、资本主义的西方和来自更多元传统的一些文化的相遇，是否可能为双方提供新的推动力。

但是就像所有好的内科医生一样，当我们已经对一个疑难病例做出了关于其预后的评价时，我们就要独立地(free to)——以及

---

〔1〕 我在别处指出过，迪亚斯-格雷罗的结论和我们所知的印欧部落向罗马帝国的迁徙过程是类似的(“Migration in North America”，提交给“Conference on the Americas”的论文，Louisiana Tech University，1982)，而且多种文化的传播也许在加拿大处理第三世界国家(Third World countries)问题时所取得的成功当中也发挥了作用(“Canada，Quebec，and the Third World：Historical Liabilities and Improbable Success”，*American Review of Canadian Studies* 17，no. 2. [1987]：207-219)。斯塔夫里阿诺斯(Stavrianos)在 *Promise of the Coming Dark Age* 一书里，对全球化秩序时代里“第三世界价值”的优势地位曾做过一个更加全面的评价。

〔2〕 参见，比方说，Vaclav Havel，*Letters to Olga*，(London：Faber & Faber，1988). 这只是很多例子中的一个——在这些例子里，对自我的信念在不然将会暗淡的现代景观当中，真实地鼓舞了我们，而不是使我们陷入困境。

甚至也许是有义务(bound to)——为它寻找证据。在这种情形下，看起来似乎无疑是会有证据的。如果意识的产生就像我们已经说过的，是播撒个人主义种子的结果，而且如果这一结果就像杰恩斯认为的那样，是作为不同文化相遇的产物出现的，那么当我们寻找一种我们可以期望据以摆脱个人主义模式、进入多元主义模式的媒介时，把这种范式当做一种可能的证据看来就是合理的。实际上，杰恩斯论证的要点，是在那些彼此相遇的两院制文化(the bicameral cultures)之间存在的反差，以及这种反差迫使它们进入到自觉意识当中去的方式；类似地，认为同拥有超越个人主义价值的多元主义价值文化的相遇，可能会使我们中的个人主义者更清楚个人主义相对于我们自己目前所处境遇的局限，以及多元主义相对于该处境所具有的优势就是合理的。〔1〕

很明显，西方资本主义的世界观非常需要某种能够缓解这种异化状态的事物，既从自我的角度，也从社会的角度。在过去的200年里，异化正愈益折磨着西方的世界观，而这种异化的核心，正如我们所见，似乎就在于我们已经深陷其中的个人主义世界观。和其他文化的相遇，在当代全球结构(这种结构本身就是作为个人主义世界观的产物演化而来的)中无疑已经变得几乎不可避免，而这种相遇毫无疑问不仅为转移我们越来越具有循环性质的对于自

〔1〕 因为这是一个关于西方思想传统的讨论，我们因此一直没有探讨多元主义文化因为和个人主义的文化价值遭遇所可能受影响的方式。许烺光和迪亚斯-格雷罗谈到了这个问题。我们无需多想就能回忆起一些华而不实的方法(the plethora of ways)。多元主义的文化以这样的方法同西方相遇对它也许是不利的，不仅在经济上或者政治上，而且就社会的碎片化以及被看做西方"恶行"的引入而言也是如此。我们现在了解到，这些恶行中的一些，源于现代化的程度同源于"文化帝国主义"的程度差不多。然而，这引导着我们去思考，那些具有长期多元主义传统的文化，从长远来看，是否可能比具有个人主义传统的文化更加适于处理现代化的一些问题，就像那些具有自我力量(the ego-strength)——这种自我力量对于接受对方的价值来说是不可或缺的——的文化，如同我们已看到的，可能处于一种能够更好地从多元主义获益的位置上一样。

身的关注提供了机会,也为给我们提供一些多元主义(我们最终必须走近这种多元主义)的种子提供了机会。

维克托·弗兰克尔(Victor Frankl)曾经评论道,西方的"意义危机"就这样一个事实而言似乎是悖谬的,这个事实就是,如果从全球背景来看的话,人类面临着如此多的意义深远的问题。他写道,非常具有讽刺意味的是,尽管今天的西方青年表达了致力于其他人的那些问题的愿望,但是他们却缺乏这么做的手段,绝大多数地球人口仍然如此急需一些生活的基本必需品(the basics)。弗兰克尔推测,也许,"第一世界在同第三世界的饥饿作斗争的过程中看到了自己的任务,在这样的意义上,第一世界使自身克服了它自
133 己的意义危机:我们给他们面包,他们为我们提供意义——真是个不错的交易。"[1]就某个方面而言,我们可以认为,弗兰克尔的评论也许无意间采取了一种以恩人自居的态度:就西方而言,他们对第三世界不得不提供的东西,多少带有一种屈尊俯就的态度。但是如果我们稍稍放宽弗兰克尔的评论的视角的话,这些评论就展示出了一种引人注目的真实的铃音(an intriguingly true ring)。

如果我们不是根据政治和经济这些有限的领域,而是根据个人主义性质的西方资本主义以及作为其多元主义相对物的文化来看待世界的的话,一种奇秒的补充物(a curious complementarity)似乎就会出现。根据这样一种二元性来描述当代世界是 L. S. 斯塔夫里阿诺斯(L. S. Stavrianos)的《全球分裂》(*Global Rift*)一书所暗含的,这本书证明了当代世界政治和经济结构在很大程度上是欧洲新教/资本主义革命动员起来的力量获得成功的产物。这一结构已经被"全球化了"——它最终迫使所有文化进入到相互依存和彼此遭遇的境遇当中。斯塔夫里阿诺斯的著作在很大程度上是政治性和历史性的,但是如果我们从文化的角度来看待它的话,

---

[1] Victor Frankl,"The Meaning Crisis in the First World and Hunger in the Third World", *International Forum for Logotherapy* 7, No. 1 (Summer 1984): 7.

却也不难想象，个人主义作为这样一种发展的演进过程——这种发展，以黑格尔-马克思的方式，在使它自己认为它创造出了能够解决其自身矛盾的手段方面，已经如此彻底地获得了成功。[1]

就像斯塔夫里阿诺斯证明的，在经济和政治方面的全球性互相依存局面的出现，在很大程度上是西欧以及后来美国个人主义性质的资本主义所塑造的网络的产物。这种资本主义同样有助于促使“情感”维度的急剧衰落，许烺光把这种情感维度归于具有更加多元主义的世界观的一些社会。然而与此同时，西方资本主义塑造的网络已经创造了一些经济和政治条件，这些条件最终不仅会保障资本主义同一些比它更具多元主义的世界观的文化进行互动，而且也会保障这种互动在很长时期里获得增长。

了解这些发展过程中所具有的必然性的诱惑是巨大的。但是，如果我们想要避免过于简单化的鼓吹术或者一种宿命论的被动状态的话，这通常也是我们必须加以抵制的。无论如何，这些话是我们可以说的：个人主义的世界观，虽然已经把西方引向了弗兰克尔所谓的“意义危机”，它也同样最终使西方同那些提供了个人主义替代物的文化的遭遇变得不可避免。此外，个人主义本身也许已经提供了足够的自我力量(ego strength)，以便让那些生活在其领域中的人能够有选择地吸收他们目前所遭遇到的多元主义文
化的不同层面。但是同样可能的是，个人主义也许完全限制了他 134
们对世界的感知，以至于他们不能采取必要的步骤来摆脱它所展示的这种循环。在这样的情形中，不难想象，在未来的某个时刻，会出现一个由那些具有多元主义世界观的人所支配的世界，而由于比如生态学、全球资源共享、因高科技战争带来的灭绝危险等其他原因，这个世界将会提供一种更适于解决当代人类所面对的这
些问题的视角。 135

---

〔1〕 L. S. Stavrianos, *Global Rift*, (New York: William Morrow, 1981)。他后来在他的 *Promise of the Coming Dark Age* 一书中，举了一个和我们这里提到的例子类似的例子。

索　　引

（索引页码均指原书页码，即本书边码）

A

B

C

D

E

F

G

H

I

J

M

N

O

P

R

S

T

U

V

W

Y

Z